大学受験
合格請負シリーズ

樋口裕一の小論文トレーニング

書かずに解ける新方式で
いつでもどこでもパワーアップ!

小論文指導ゼミナール白藍塾主宰
樋口裕一

新装版

ブックマン社

まえがき

「エンピツいらず」の新トレーニングで、本格的な小論文の力をつける！

小論文は書かなければ力がつかないというのは、紛れもない事実だ。小論文は書いてこそ、力がつく。かなりの枚数を書くうちに、コツがわかり、ラクに書けるようになる。

だが、だからといって、小論文の勉強をするときに、常に机の前に座って、原稿用紙を埋めなければいけないというわけではない。実際に書くのは数回のうちの1回程度にして、電車やバスの中でも、トイレの中でも、気の向いたときに、ちょっと参考書を取り出して、トレーニングをすることができる。そうすれば、時間を有効に使って、ラクに力をつけることができる。

そのような理念で書いたのが、本書だ。

本書では、一方的に説明するのではなく、読者にも参加してもらって、クイズ感覚で問題を解くうちに、自然と小論文の力がつくように工夫している。小論文とは何かというところから始まって、うまい問題提起の作り方、上手なアイデアの出し方、構成の仕方、的確な反論の見つけ方などの小論文を書くのに不可欠なノウハウが、これらの問題を解くうちに無理なく理解でき、使いこなせるようになるはずだ。鉛筆もノートも、もちろん原稿用紙もいらない。この参考書さえあれば、どこででも勉強できる。

本書は2000年の刊行以来、多くの人に「樋口小論文のエッセンス」として評価されてきた。さらに多くの方に本書を用いて、一層の力をつけ、志望校合格を勝ち取ってほしいものだ。

二〇〇五年二月吉日

樋口《ひぐち》裕一《ゆういち》

本書の特長

1　“エンピツいらず”の革命的トレーニング！

「時間がかかる」「自己採点ができない」という小論文参考書の“常識”を打ち破る画期的なトレーニング方式を開発。「書かずにできる」「どこでもできる」ので、忙しい受験生でも短期間で効率よく実力をつけられる。

2　小論文のエッセンスを「解きながら」完全吸収！

小論文で必要な《論理力・発想力・知識力》を一方的な説明ではなく、読者が「考えながら吸収できる」ように工夫して構成。多くの合格者を送り出した樋口式・四部構成法も、さらに使いやすい形にバージョン・アップ！

3　基礎から志望校対策までを無理なくカバー！

小論文の「基礎の基礎」から発展・応用まで、段階的に学べる構成により、初めて小論文を学ぶ人でも無理なくレベル・アップが可能。最新の傾向をふまえた実戦的な60の例題には、すぐに役立つ知識を満載！

例題の難易度	
	★・・・・・・・3分以内にできれば***Ok!***
	★★・・・・・5分以内にできれば***Nice!***
	★★★・・・10分以内にできれば***Excellent!***

樋口式　小論文の四部構成

1　問題提起
命題を示す。課題文があるときは要約して命題を書く
基本形
…では、本当だろうか。○○は
☞3章　ステップ6
☞3章　ステップ7　ステップ8

2　意見提示
反対意見を想定してイエスかノーかの立場を示す
基本形
確かに、…。しかし、…。
☞3章　ステップ9

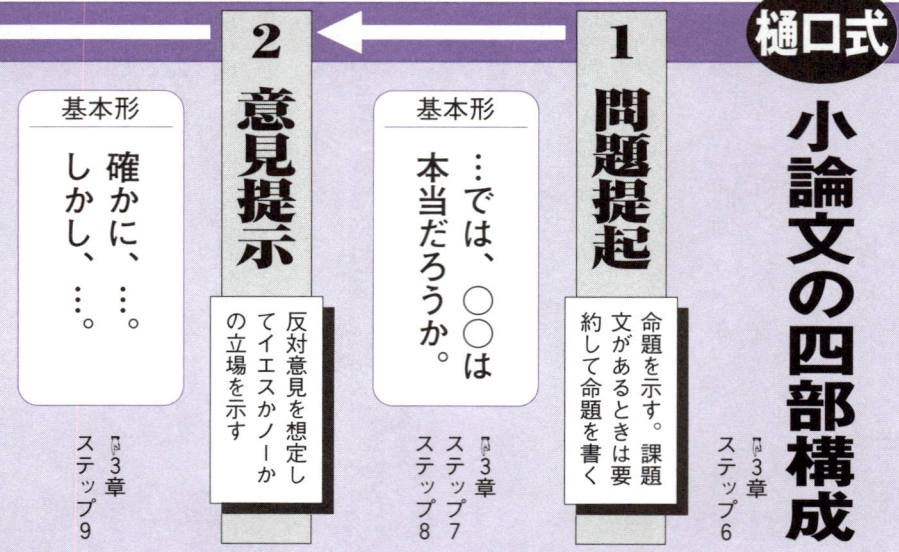

本書の効果的な使い方

1 “クイズ感覚”で気軽にチャレンジ！

例題は、「小論文の頭の体操」のつもりで気楽にチャレンジ！　頭の中で答えをまとめたらすぐに解答例や解説を見てけっこうです。「なぜ、こういう解答例になったのか」を検討し、“納得感”を引き出すことが大切です。

2 解答例を読み込んで「使える知識」をゲット！

本書でとりあげる例題と解答例には、頻出テーマの必須知識・論理展開のパターン・実戦で使える鋭いフレーズなどが満載されています。これを覚えてしまうくらい読み込むことで、知らず知らずのうちに力がついてきます。

3 2回目は、解答を紙に書いてみよう！

本書を一度通して読んだあとは、もう一度くり返してください。2回目には、実際に紙に答えを書いて、学んだことが本当に身についているかをチェックします。うまくできなかったところは徹底的に復習しましょう。

4 さあ、実際に答案を作成してみよう！

どの例題を見てもスラスラと頭の中で答えが浮かんでくるようになれば、本書は卒業です。あとは、模擬試験や通信添削などで長い答案を書くトレーニングが必要です。それを怠ると、せっかく学んだことも宝の持ち腐れです。

3 展開

イエスまたはノーの根拠・背景・対策などを書く

基本形

なぜなら、…。
そもそも○○とは××である。
○○の背景には××がある。

☞3章 ステップ10 ステップ11

4 結論

命題に対してイエスかノーかの結論を簡潔に書く

基本形

以上より、○○に賛成（または反対）である。

☞3章 ステップ11

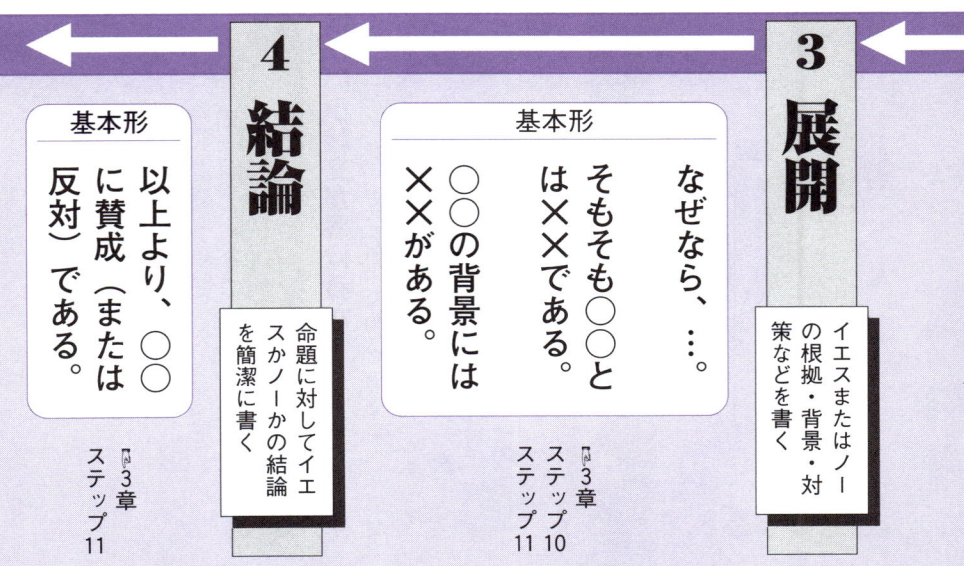

まえがき *3*／本書の特長 *4*／本書の効果的な使い方 *5*

1章 基礎強化トレーニング

●どうすればいい小論文が書けるか

「小論文とは何か」がわかっていないために、作文レベルの答案しか書けない人が多い。1章では、7つの例題をとおして、「いい小論文」を書くための基本ルールをていねいに伝授する。

STEP 1 小論文と良い子の作文は、ここがちがう！ 14

小論文とは「ある命題に対してイエスかノーかで答えるもの」だ。この基本ルールを無視すると、「小学生の作文」になってしまう。小論文と作文のちがいを知ること。これが基礎力強化の第一歩だ。

STEP 2 “頭のよさ”を最大限にアピールせよ！ 24

「自分の考えを素直に書く」のが小論文ではない！　小論文とは、実は「頭のよさをアピールするゲーム」なのだ。このゲームに勝つために必要な条件を、ズバリ、このステップで提示していこう。

2章 知識向上トレーニング

●学部別“合格知識”の身につけ方

「受かる小論文」を書くには、やはり「知識」が必要だ。では、どんな知識をいかに仕入れればいいのか。この章では志望学部別に、必須知識を効率よくゲットするノウハウを示す。

STEP 3 「知ってりゃ書ける」のが小論文だ！ 32
せっかくいいアイデアを思いついても、知識がなければいい小論文は書けない。ステップ3では、「小論文に必要な知識」とは何かを知ってもらい、その活用例を示しながら知識の重要性を説く。

STEP 4 転ばぬ先の必須知識“定期検診” 44
「小論文用の知識」をいまのきみはどれだけ持っているか。入試頻出テーマ別の「知識度チェック」を行なってみよう。「己を知る」ことが大切だ。その結果から、今後の課題が明確に見えてくる！

STEP 5 志望校の“必殺知識”を効率よく！ 58
どんな知識をどうやって仕入れればいいのか。ここでは学部別の入試傾向を徹底分析し、「一冊で必須知識は万全」の良書を頻出テーマ別に紹介する。これらを活用して効率よく知識をゲットしよう。

3章

答案構成トレーニング

●この〝型〟で合格小論文が書ける！

この章では、《樋口式・四部構成法》の基本から応用までを、豊富な例題と図解をとおして丁寧に指導。この〝型〟をマスターすれば、どんな課題にも柔軟に対応できる実力がつく！

STEP 6
この〝型〟のマスターで、ぐんと楽になる！ 68
《樋口式・四部構成法》による〝型〟を理解し、完全マスターしてもらうための基本ステップ。全体の流れを決める「構成メモ」の取り方など、答案構成のテクニックを例題をとおして体得しよう！

STEP 7
命題のよしあしが、答案の質を決定する！ 76
小論文のデキを決めるのが「命題」だ。平凡な命題からは、平凡な答案しか生まれない。ステップ7では、《命題の三原則》を提示しながら、命題のよしあしを見抜く〝選球眼〟を養ってもらう。

STEP 8
《社会的背景》に鋭く迫る命題を立てろ！ 88
課題文のない実戦例題を使って、実際に命題をつくるトレーニングを行なう。ここで命題づくりのコツ、テクニックを習得すれば、課題文がある小論文試験でも、簡単に応用が効くようになる！

STEP 9
切れ味鋭い「意見提示」を書くコツ 96
「確かに……、しかし……」で書きはじめる「意見提示」は、論点を絞り込む〝レンズ〟の役割を果たす。このステップでは、失敗例などを引き合いに出しながら、切れ味鋭い「意見提示」を書くためのコツやテクニック、注意点などをていねいに指導する。

STEP 10
この〝型〟で、〝展開力〟一二〇%アップ! 104
《樋口式・四部構成法》の第三段落「展開」は、答案の〝心臓部〟ともいえる重要ポイントだ。それだけに、しっかりトレーニクを積んでおくことが肝要だ。ここでは、「そもそも……」で書きはじめる〝定義提示型〟の展開パターンを提示する。この〝型〟にあてはめて「展開」を構成する練習をしておけば、誰でも、論理的で深みのある小論文を書けるようになる!

STEP 11
イヤでも社会性を持たせる展開パターン 116
「展開」は、〝社会的視野の広さ〟を最大限にアピールする場でもある。ここでは、「……の背景には……がある」のフレーズを使う〝背景提示型〟の展開パターンを習得してもらい、その〝型〟にあてはめて答案を構成するトレーニングをみっちり行なう。さらに、「展開」を受ける最終段落「結論」の書き方についても、実例を出しながら実戦的なアドバイスしていこう。

4章
読解・要約トレーニング

●筆者の主張をつかむ樋口流読解術
課題文のある小論文では、「筆者の主張」を正しく読み取ることが必要だ。では、すばやく正確に筆者の主張をつかむにはどうすればいいか。その読解・要約テクニックを公開する。

STEP 12 細かいルールは不要！ 課題文読解の極意 130
「筆者の主張」は、筆者が「何に反対しているのか」を考えればおのずと浮かび上がってくるものだ。このちょっとした読解テクニックの適用法を、実際の試験問題を題材にマスターしよう！

STEP 13 読みにくい課題文は、〝型〟にハメて読め！ 140
難解な課題文の場合は、《樋口式・四部構成法》の流れを頭に描きながら読むと、意外に簡単に筆者の主張が見えてくる！ この読み方は、課題文の要約にも威力を発揮することを学んでおこう。

STEP 14 課題文は〝対立軸〟をとらえて読め！ 148
「筆者の主張」の背後には、ある大きな〝対立軸〟がひそんでいることが多い。この〝対立軸〟を引き出して課題文を読むトレーニングを行なえば、読解力・要約力ともに飛躍的にアップする！

5章 反論・異論トレーニング

論理力・答案力に磨きをかける！

課題文を批判的に読み、筆者の主張に鋭く切り返すことができれば、キラリと光る小論文が書ける。この章では、いいアイデアを引き出すために必要な「反論力」を徹底的に鍛える。

STEP 15 反論トレーニングで〝筋力アップ〟！ 164
「物事を批判的に見る」「矛盾点・問題点を鋭く指摘する」。優れた小論文を書くには、こうした〝反論能力〟を鍛えておく必要がある。その実践的な訓練法をこのステップで示そう。
STEP 16 「鋭さ」を引き出す正しい〝ケチのつけ方〟 174
鋭い意見は、つねに〝常識の反対側〟にある。これを引っ張り出して答案に組み込むパターンを学びながら、「反論力」と同時に「答案構成力」を高めるトレーニングを行なう。
STEP 17 〝うしろ側〟から「ノー」の根拠を引き出す！ 182
ここでは、課題文の背後にある〝対立軸〟をふまえて「筆者の主張」に反論する練習をする。この反論法を身につければ、小手先の技術に頼らない本格派の小論文を書けるようになる！

6章 発想・着眼トレーニング

●鋭いアイデアを引き出すノウハウ
鋭い小論文を書くには、「人とはちょっと違う視点」から切り込むことが必要だ。豊かな発想、鋭い着眼点をどう引き出して答案に生かすか、そのプロセスとノウハウを明快に示す。

STEP 18 まっとうな発想でも、鋭い答案になる！ 192
「社会性のある答案をまっとうに書く」ために、このステップでは、《3WHAT・3W・1H》の視点を使って、社会的な視野を広げながらアイデアを引き出すトレーニングを十分に行なっておく。

STEP 19 タテ・ヨコ・ナナメからテーマに切り込め！ 200
いいアイデアを得るには、さまざまな角度からテーマに切り込むことが必要だ。ここでは、ユニークな着眼点、鋭い意見を引き出すためのさまざまなノウハウを、例題をとおして身につけてもらう。

STEP 20 押してダメなら引いて出すアイデア 212
平凡な思いつきでも、そこから鋭い意見を掘り起こすことができる。実際の入試問題を題材に、これまでに学んだ着眼・発想法のノウハウを活用し、〝キラリと光る答案〟に仕立てる練習をしよう！

1章

基礎強化トレーニング

どうすればいい小論文が書けるか

基礎強化トレーニング1 ●小論文とは何か

小論文と良い子の作文は、ここがちがう！

いい小論文とダメな小論文は、結論で判別できる

いきなりだが、予備知識なしでつぎの例題をやってほしい。

例題1 難易度★

「コンピュータについて、あなたの思うところを述べよ」という小論文の課題が出された。つぎのA～Cは、ある三人の答案から、最後の結論部分だけを抜き出したものである。小論文としてもっともふさわしい結論はどれか。一つ選び、理由も答えよ。

A　コンピュータのおかげで、私たちの生活はより快適になった。コンピュータをよりよく使って社会に貢献することが、私たち若い世代に課せられた使命だ。

B　驚異的スピードで進化するコンピュータ。豊かな感情を持つ人工知能の完成もそう遠い日のことではない。そのとき世界は、人間は、どう変貌《へんぼう》しているのだろうか。

C　コンピュータがもっと発達すると、人間性はもっと失われてしまうのだ。よって、コンピュータは人間を幸福にせずに、逆に不幸にする機械だ。

〝良い子の作文〟から一刻も早く抜け出そう！

この例題では、結論部分だけが問題にされていることに注意してほしい。答案では、もちろん、ほかにもいろいろ書かれている。しかし、結論の前にどんなことが書かれていようと、ここでは評価の対象外だ。純粋に結論部分だけを見て、それが小論文の結論としてふさわしいかどうかを考える。それと、文章の上手、下手も評価の対象外とする。

先に言ってしまうと、正解はCだ。理由はあとで述べるとして、ちょっと意外だった人もいるだろう。Cはヘタクソな文章だ。それは許すとしても、コンピュータが人間を不幸にするなどと、変なことを言っている。それより、BやAのほうが、よっぽどまとまっている結論じゃないか……。と、そう感じたあなたは、とても素直な〝良い子〟だ。

小学校以来の作文教育は、ひと言でいうと、きみたちに「優しく、思いやりもあり、正義感が強いところを見せなさい」と教えてきた。Aの文章はその典型例で、これを正解に選んだ人は、〝良い子のなかの良い子〟にちがいない。

だが、そう言われて喜んではいけない。Aは作文としてなら許されるが、小論文としてはどうしようもなく平凡で、見るべきところはない。もっとも、推薦入試のように「性格の良さ」を見せる必要がある場合は、こういう書き方で体裁《ていさい》を整えることも必要だ。

しかし、少なくとも一般入試で、それなりの大学を受験する人がこんな結論を書けば、一発で落とされても文句は言えない。実際、生徒の答案を添削していると、うんざりするほどAのような〝良い子の作文〟にお目にかかる。もちろん、みんな〇点をつける。

「イエスかノーか」を答えるのが小論文だ！

Aはいかにもクサくてイヤだな、と思った人は、終わり方に余韻《よいん》のあるBにいったかもしれない。だが、Bも小論文としては失格だ。文章力や表現力はあっても、小論文のことがまったくわかっていない人が書きそうなのが、Bのような「主張のないエッセイ風の文章」だ。

では、AやBがダメで、なぜCがいいのか。AやBは、どうがんばっても作文にしかならないが、Cは小論文としての条件を立派に備えている。それが理由だ。

小論文とは、ある命題《めいだい》*を立て、それに対して「イエスかノーか」を答えるものだ。しかし作文では、そういうことは必要ない。自分の経験や、見たこと、感じたことなどを自由に、表現豊かにつづれば作文になる。ここが小論文と作文の大きなちがいだ。

たとえば、「高齢化社会」というテーマが与えられたとする。ここで、祖父の思い出を語り、老人をいたわるべきだ、などと書いてしまうのは小論文ではなく作文だ。しかし、たとえば「定年の年齢を引き上げるべきか」という命題を立て、「イエスかノーか」で答える形にして書くと、これは主張を持つ立派な小論文になる。

その目でA～Cを再読してみよう。AもBも、何かの命題に「イエスかノーか」を主張している結論ではなく、やはり作文だ。しかし、Cは明確に「ノー」と言っている。何に対してかというと、「コンピュータは人間を幸福にするか」という命題に対してだ。

解答例

C　〔理由〕命題に対する是非（イエスかノーか）を表明している結論だから。

＊【命題】
「AはBである」のように、ある判断の内容のことを命題という。「コンピュータは人間を幸福にするか」のように、イエスかノーかで答えられる文章は、すべて命題と考えてもいい。

焦点の定まった小論文を書くには「命題」が必要

Cを正解にすることに、納得いかない人がいるかもしれない。たとえば、「コンピュータは人間を幸福にするか」という命題など設問に書かれていないじゃないか、という疑問も当然出てこよう。設問にないことを書いてもいいのか、と。

結論から言うと、小論文の試験でこういう課題が出たときには、自分で命題を立て、それについての是非を論じていい。出題者も、むしろそれを求めている。実際問題、そうしないと、焦点の定まらない作文レベルの答案しか書けない人が多いだろう。

命題というのは、いろいろ書くことがあるなかで、論点を一つに定める役割を果たす。カメラで言えば、「被写体や構図の決定」と同じだ。それがないまま、ただ「コンピュータについて書け」と言われても、何が言いたいのかわからない答案になってしまう危険性がある。

だから、「いい小論文」を書くには、「いい命題」を立てることが必要だ。課題文のある小論文では、筆者の主張をそのまま命題にできるからいい。ところが、明確な主張のないエッセイ風の課題文、課題文がなく「○○について思うところを述べよ」という設問、さらに図やグラフの資料問題などは、自分で命題を立てなければならない。

「いい命題」を立てるトレーニングは3章でやってもらうが、一つだけ強調しておきたいことがある。それは、「命題のよしあしは小論文全体のレベルを左右する」ということだ。これについては3章で説明するとして、ここでは、「小論文とは何か」について、もうすこし理解を深めておこう。つぎの例題にチャレンジしてほしい。

例題2 難易度★

つぎの文は、ある人の小論文の答案の一部である。よくない点があれば指摘せよ。

では、いじめがなくならないのは教師の責任だろうか。確かに、教室内で起きた問題は、教師が責任をとるべきである。しかし、いじめの原因はむしろ学校の外に多くある。そんなことにも気づかず、一方的に教師に責任を押しつける親はどうかしている。これでは、一生懸命にがんばっている教師があまりにもかわいそうだ。

感情的な決めつけは、小論文の品位を落とす

最初の二行は立派に書けているが、「そんなことにも気づかず、……」からおかしくなった。本来なら学校の外にあるいじめの原因について説明し、それは教師の責任範囲外である、という展開にすべきところだ。ところが、そうならずに変な方向へ話が向かっている。

何がいけないのかというと、「親はどうかしている」とか「教師があまりにもかわいそうだ」などと書いてしまったことだ。「教師の責任にするのはかわいそう」というのは感情論でしかない。**感情論は、小論文では絶対に書くべきではない。**

小論文というのは、そもそも理詰めで相手（採点者）を説得するものだ。「理詰め」とは、言い換えると「感情で判断しない」ということでもある。感情に訴えて相手を説得しようとするのは〝幼児〟の専売特許で、きみたちがマネをしてはいけない。

感情的なきめつけは、小論文の〝命〟ともいえる説得力を失わせる。同じ理由で、「人間と

して許せない」「同じ若者として恥ずかしい」などの〝道徳的説教〟も書いてはいけない。優等生タイプの女の子がよく陥《おちい》りやすいところなので、十分に注意してほしい。

解答例
感情的になっている点。

「底の浅い小論文」と「深みのある小論文」のちがい

例題3 難易度 ★

つぎの文は、「日本の食料自給率*を上げるべきか」という命題で書いた小論文の答案の一部である。よくない点があれば指摘せよ。

私は、日本の食料自給率を上げるべきだと考える。なぜなら、自国の食料を輸入に頼るのは、独立国家としての基盤を危うくするからだ。安全性の面からも、輸入農産物には問題がある。また、コメの輸入を自由化すれば、競争力のない日本の農家が打撃を受ける。さらに、異常気象による不作などで価格が安定せず、消費者が不利益をこうむる。以上のデメリットから、食料自給率はもっと上げるべきである。

解説
この答案では、「食料自給率を上げるべきか」にイエスの立場でその理由を列挙し、「上げるべきだ」という結論を導いている。それぞれもっともな理由だが、全体に何か薄っぺらい感じがしないだろうか。ここでは、二つの問題点を指摘できる。

＊先進国の食料自給率比較（日本は二〇一六年度、他は二〇一三年）。
日本三八％
イギリス六三％
ドイツ九五％
フランス一二七％
アメリカ一三〇％
カナダ二六四％

解答例
①理由をいくつも並べているだけで、論点が深まっていない点。
②反対意見を想定していないため、一方的な決めつけに見える点。

思いつきの羅列《られつ》では小論文にならない

例題3の答案で列挙されている理由の一つ一つは悪くない。これだけの理由をスラスラ挙げられるというのは、かなり知識がある証拠だ。しかし、相手は小学生ではなく、知識も経験もきみたちよりずっと豊富な大学教授なのだ。思いつきや理由を羅列《られつ》しただけで合格点をもらえるほど小論文は甘くはない。

たとえば、「独立国家の基盤を危うくする」という理由にしても、「なぜ食料が独立国家の基盤なのか」「自給率が低い国は、みな国家の独立性が弱いのか」などの疑問が出てくる。ほかにも、「国内の農産物が安全と言い切れるのか」とか、「自由化しないから農家が努力せず、国際競争力がつかないのだ」などといった疑問や反論も予想される。

しかし、この答案は、自分の主張だけを一方的に書き並べているだけで、当然予想される疑問や反論をねじふせるだけの中身を持っていない。だから、薄っぺらく感じるのだ。

では、どうすればいいか。まずは、論点を一つにしぼることだ。実際問題、八〇〇字程度の小論文で三つも四つもの論点を書けば、焦点のぼやけた深みのない答案になるのは目に見えている。**いろいろある理由から一つに論点をしぼり、それを徹底的に深めていく**。これが、説得力のある答案を書くための重要なポイントの一つだ。

反対意見を想定しながら書く

もう一つのポイントは、「反対意見を想定しながら書く」ということだ。これができていない小論文は深みもなく、説得力が出てこない。とはいっても、予想されるすべての反論に対してクソまじめに対応する必要はないし、実際、限られた字数では無理だ。
そこですすめたいのは、「確かに……」のあとに代表的な反対意見を一つ書き、そのすぐあとで「しかし、……だ」と、自分の主張をほのめかすことだ。「こういう反論が出ることはわかっていますよ。わかったうえで、それでも私はこう考えるのです」と訴えるわけだ。
これは、私の編み出した小論文の〝型〟＝四部構成*では、「問題提起」（命題を書く第一段落）のつぎにくる「意見提示」（第二段落）で書く。小論文の〝型〟については3章でくわしくとりあげるが、反論を想定して書く練習をここでもちょっとやっておこう。

*四～五頁参照

例題4　難易度★★

「日本の食料自給率を上げるべきか」という命題に対し、イエスで答える方針でつぎのような意見提示を組み立てた。文中の空欄にはいる文章を考えて書きなさい。
・日本は食料自給率をもっと高めるべきだろうか。〔↓問題提起〕
・確かに、［　　］。しかし、世界的な人口増加による食糧危機が予想されるなか、これ以上食料の自給率を下げることは好ましいことではない。〔↓意見提示〕

解答例
①自由貿易の理念から、農産物の輸入を自由化するほうが望ましいかもしれない。
②国際競争力のない日本の農業を保護する必要はないかもしれない。
③外国から安い農産物を買ったほうが、消費者の利益にはなるかもしれない。

意見提示のあとは、一つの論点をとことん深める

食料自給率を上げるべきか、という命題は、言い換えると「コメを含む農産物の輸入を完全に自由化すべきか」とほぼ同じと考えていい。つまり、「自給率を上げるべきだ」と考える場合は、必然的に「自由化すべきでない」という主張になる。

「確かに」のあとの空欄には、その逆の「自由化して自給率を下げるべきだ」という主張が入ってくる。解答例①～③には、自由化論者の代表的な主張をあげておいた。それに対して、こちらは「世界的な食糧危機」を持ち出して切り返す。

そして、「意見提示」につづく第三段落の「展開」では、この場合なら論点を「食糧危機」にしぼり込む。そして、なぜ自給率を下げることが危険かを「食糧危機」の観点から訴えていくのだ。この「展開」の部分が、小論文の最大のヤマ場となる。ポイントはやはり、一つの論点をとことん深めるということだ。最後の第四段落では、命題に対してイエスかノーかを簡単にまとめる。「したがって、食料自給率を上げるべきだ」と一行で終えてもいい。

これが樋口式・四部構成の全体像で、3章ではこの〝型〟をマスターするためのトレーニングをみっちり行う。とりあえず予備知識として、ここで知っておいてほしい。

Summary
ステップ1のまとめ

ここまでに書いてきたことは、言ってみれば、〝小論文の憲法〟のようなものだ。本当は力があるのに、これをわかっていないために、ガタガタの答案を書いてしまう受験生がじつに多い。

せっかくなので、これも例題形式で要点を確認していきたい。解答は下の『これが小論文の〝憲法〟だ！』にまとめた。

例題5 難易度★

(1) 小論文と作文のちがいはなにか。簡単に説明せよ。
(2) 小論文の論理性を破壊する「やってはいけないこと」とは何か。
(3) 深みのある小論文を書くために心がけるべきことを二つあげよ。

Close Up! これが小論文の“憲法”だ！

1 ある命題に対して「イエス」か「ノー」かを答えるのが小論文だ！
→作文は、身近な経験や感想などを自由に書くもの

2 感情論・道徳論を書いてはいけない！
→小論文は“理詰め”で相手を説得するものだ

3 一つの論点をとことん掘り下げよ！
反対意見を想定して書け！
→思いつきや理由の羅列、一方的な決めつけはダメ

基礎強化トレーニング2
「ゲーム」としての小論文

〝頭のよさ〟を最大限にアピールせよ！

〝ウソいつわりのない自分〟を出すべきか

小論文は、「ありのままの自分」を出し、「ウソいつわりのない意見」を正直に書くべきものか。そうにきまっている、と思ってきた人もたくさんいるだろう。

こういう人が書く答案は、謙虚《けんきょ》で偉《えら》ぶるところがなく、好感を持たれることもある。しかし、小論文としては、ごく平凡でつまらない内容にしかならないことが圧倒的に多い。「本気でそう思っていなくても、あたかも本気でそう考えているかのようなフリをして書く」のが小論文だ。そうでなければ、とても他人（採点官）を納得させることなどできない。

たとえば、臓器移植がテーマなら、ふだんそんなことを考えたことがなくても、あたかも「ずっと臓器移植に関心があった」かのようなフリをして書く。それが小論文なのだ。

もちろん、「謙虚さ」や「思慮深さ」、「バランス感覚のよさ」などをアピールすることが必要なこともある。だがそれは、〝ウソいつわりのない気持ち〟からではなく、あくまでも人を説得するうえでのテクニック、作戦として書くべきものなのだ。

そういうことを予備知識として、つぎの例題を考えてほしい。ポイントは、この意見が「思慮深く」「バランス感覚のとれた」ものかどうかの判断だ。

例題6 難易度★

「障害を持った児童は、特殊学級で教育すべきか、健常者《けんじょうしゃ》と一緒の普通クラスで教育すべきか。あなたの意見を述べよ」という課題に対して、つぎのような意見を書いた。この意見は、小論文として適切か不適切か。理由もつけて答えなさい。
それは、障害の程度によってもちがうので、一概《いちがい》に決められない。個々のケースに合わせて、そのときどきで判断していかなければならない。

■出典
「白藍塾」添削課題を改題。

逃げに回らず、真正面から命題の是非を論じる

「個々の事情により、一概に判断できない」という意見は、一見、冷静で思慮深く思えるだろう。たしかに、障害者をめぐる現実は複雑で、ひとくくりにして論じることはできない。だが、そんな〝あたりまえの現実〟を、わざわざ小論文で書く必要はない。

ズバリ指摘すると、この意見は、命題をはぐらかす〝逃げの答案〟だ。出題者も、理想どおりにいかない〝むずかしい現実〟があることはよくわかっている。わかったうえで、「是か非か」の二者択一を迫る。なぜそう考えるのか、その根拠や理念を聞きたいのだ。

それに対しては、「イエス」の立場で書こうが、「ノー」の立場から論じようが、筋さえ通っていれば評価される。しかし、「どちらでもない」とか「時と場合による」という解答は、「そんな命題は無意味だ」と言っているのと同じだ。たとえそれが〝ほんとうの気持ち〟だとしても、小論文の礼儀＝ルールに反する。この意見が不適切な理由は、まさにそれだ。

解答例
不適切である。〔理由〕命題に対する是非を表明していないから。

「社会的視野の広さ」こそが、小論文の〝命〟

小論文は、〝身近な現実〟や〝あたりまえの常識〟を指摘するものではない。たとえば、「現実はそういうものだ」では小論文にならない。また、「障害者の気持ちになって、みんなでいたわっていくべきだ」など、きれいごとばかり書くのも小論文ではない。

小論文が相手にするものは、ズバリ「社会」だ。現実を動かしている思想や理念、社会構造に鋭く迫ってこそ「いい小論文」と言える。「天下国家」を相手に、なぜ自分の意見が正しいのかを堂々と書くのが小論文だ。

その際、命題に「イエス」で書こうが「ノー」で書こうが、それはどちらでもかまわない。要は、社会的な視野で考え、その論に説得力があればいいのだ。基本的に小論文では、「この問題はイエスで書かなければならない」という〝正解〟はない。

例題7 難易度 ★★

「障害を持った児童は、特殊学級で教育すべきか、健常者と一緒の普通クラスで教育すべきか」という課題が出された。つぎのA、Bは、この命題についての対立する二つの意見である。それぞれ、首尾一貫した主張になるように、空欄ア〜カに適切な語句や文章を入れなさい。

《A》
教育の目的は、社会生活を営むために必要な知識やルールを教えることにある。社会の中には自分とはちがう様々な人間がいて、お互いに理解し助け合って生きていかなければならないということを学ぶのも大切な勉強だ。しかし、障害者を［ア］に入れることは、このような学習の機会を奪うばかりでなく、差別意識を助長することにもつながりかねない。したがって、障害者は［イ］で教育すべきだ。

《B》
教育の目的は［ウ］にある。障害も一つの［エ］であり、〃その人らしさ〃である。しかし、現在の日本の教育は、平等性を重視するあまり画一化して［エ］が抑圧されている。したがって、障害者は［オ］の中で一律の価値観を強要されるより、［エ］に応じた専門的な教育が可能な［カ］に通わせたほうがいいと考える。

解説

《A》、《B》の二つの意見は、ともに「教育の目的は、どうあるべきか」という理念を最初に掲げている。ここだけを見ても、「社会的視野の広さ」は十分にうかがえる。そして、それぞれ、それなりの説得力がある。この二つの条件を満たしていれば、結論はどちらでもかまわないのだ。そのことをこの例題からくみとってほしい。
ちなみに、《B》では「障害も一つの［エ］である」が〃光るフレーズ〃になっている。この空欄は、「平等性を重視するあまり画一化」した教育が何を抑圧しているのかを考えれば出てくる。たとえば、制服を思い浮かべてみよう。これがヒントだ。

解答例
ア　特殊学級　イ　普通クラス
ウ　個性を豊かに伸ばすこと　エ　個性　オ　普通クラス　カ　特殊学級

小論文は〝頭の良さ〟をアピールするゲームだ！

例題7のような〝読解問題〟の形式では、前後の文脈から解答が見えてしまう。しかし実際の試験では、ここに書かれているようなことを、白紙の状態から自分で組み立てていかなければならない。そのために何が必要かというと、「社会的知識」なのだ。

早い話が、小論文に特殊な才能や豊かな表現力はいらない。必要なのは、社会的な知識を身につけることだ。たとえば、さきの例題では、教育をめぐる理念の大きな〝対立軸〟について知っていれば、イエス、ノーのどちらの立場からでも「いい小論文」を書ける。ちなみに、この場合の〝対立軸〟とは「教育の目的は、良き社会人を育成することにある」と「教育の目的は、個人を幸せにする（個性を豊かにする）ことにある」という二つの理念だ。*

そして、答案で展開する主張は〝ウソいつわりのない自分の意見〟である必要はない。自分の素直な気持ちでは「イエス」でも、考えているうちに「ノー」のほうが鋭く説得力のある意見が書けそうと思えば、ためらわずに方向転換していい。

そう、小論文とは「鋭いことを言った者勝ち」のゲーム、手持ちの知識をフルに活用して〝頭の良さ〟をアピールするゲームだ。「ウソいつわりのない自分」を表現するものだと信じ込んでいては、いつまでたっても「いい小論文」を書けるようにならない。


*三〇頁参照。

Summary ステップ2のまとめ

小論文は「ウソいつわりのない自分の意見」を書くものだと思っていた人には、このステップはちょっとした〝カルチャーショック〟だったかもしれない。

しかし、もしショックを受けたのなら、これを機会にメキメキと小論文のウデを上げるであろうことは十分に予想できる。それまで、素直な気持ちで考えたことだけを書いてきたために、平凡でありきたりな答案にしかならなかった可能性が高いからだ。

このステップのもう一つのキーワードは「社会的視野」だ。これは大げさではなく、小論文の〝命〟といってもいい。

自分の体験や身の回りのことを書くのは小論文ではない。偉そうなことを書くのは、けっして恥ずかしいことではない。「天下国家」を向こうに回して堂々と書く。それが小論文だ。

Close Up! 小論文は頭の良さを競うゲームだ！

1 小論文は“素直な気持ち”を書くものではない！
→平凡でありきたりな意見では評価は低い
→鋭さをアピールできる立場で書け

2 真正面から命題の是非を論じろ！
→自信がなくてもあるフリをして書け

3 社会的な視野の広さをアピールしろ！
→身近な現実や経験をダラダラと書くな
→天下国家、社会の問題を臆することなく書け

図で読む対立軸の知識①

教育の理念

個人の幸福の実現 VS **良き社会人の育成**

【背景】欧米型の教育観。日本でも画一教育が批判され、近年は個性重視の教育が叫ばれている。

個性の尊重
自発性重視
独創性重視

〔いい面〕
・個性を伸ばす
・子どもの人権尊重
・独創性な子が育つ

【背景】明治以降の日本の教育は、「国家に有用な人材（良き社会人）の育成」を目指してきた。

集団教育
規律重視
平等重視

〔いい面〕
・教育の普及
・知的水準の向上
・教育機会の平等

問題点

しかし…

集団性軽視
↓
わがまま、社会性の欠如
学級崩壊
不登校

エリート教育
↓
学力差が拡大
おちこぼれ
競争激化

しかし…

管理教育・画一化
制服・校則・体罰
↓
反発・ストレスの増大
学級崩壊・いじめ
校内暴力・不登校

競争否定・道徳教育
↓
学力低下
無気力

2章

知識向上トレーニング

学部別“合格知識”の身につけ方

Step 3

「知ってりゃ書ける」のが小論文だ！

小論文で必要な三タイプの知識

小論文用の〝知識〟は、カンタンに身につく！

小論文には知識が必要だと強調すると、「エーッ、大変そうだぁ」としり込みをする人がいるかもしれない。しかし、小論文に必要な「知識」を身につけるのは、苦痛なことではない。むしろ楽しいくらいだ。英単語や年代、文法などの暗記とは、根本的にちがうからだ。

では、小論文で必要な「知識」とはなんだろうか。1章でも述べたように、それは「社会的知識」だ。ひと口に社会的知識といってもその範囲は広く、政治、経済、文化、環境問題など、細かく分けていけばきりがない。

もちろん、そのすべてに精通する必要はない。細かいことは気にせず、いま、日本で、世界で、どんなことが起こり、何が問題になっているのかを、大きくとらえておけばいい。これは、ふだんから、世の中の動きに関心を持って新聞やテレビをみていれば、自然に身についてくる。

このような知識を、「時事・一般常識」として分類しておこう。

マスコミの就職試験とちがって、大学の小論文の試験では、時事・一般常識がストレートに問われることは少ない。ただ、これを知っていないと説得力が出なかったり、常識外れのことを書いてしまうなど、いろいろ問題が生じてくることも多いのだ。

時事・一般常識は、あくまで「大きく」とらえる

例題8 難易度 ★

つぎの各問いにそれぞれ答えよ。
(1) 一九九一年ごろから二〇〇〇年初頭にかけて、日本では金融不安が高まり、企業倒産や従業員のリストラが相次いだ。その原因となった出来事は何か。
(2) 先進国を中心に、二酸化炭素やメタンなどの排出量を抑制する国際的な合意が成立し、各国でその取り組みがはじまっている。その目的は何か。
(3) 「臓器移植法」(一九九七年成立・施行)によって、何が認められたか。

解説

例題にあげたような問題が、いわゆる「時事・一般常識」として知っておかなければならないようなことだ。ただ、**数字や年号など細かい内容にこだわらず、大づかみな理解があれば十分だ。**「何が起こっているか」、「どんな内容か」「原因は何か」などを、ひと言で説明できればいい。情報源としては、新聞、テレビが一般的だ。

解答例

(1) バブル経済の崩壊。*
(2) 地球温暖化の防止。
(3) 脳死体からの心臓や肺などの臓器移植。

*【バブル崩壊】実態経済をはるかに超える高値で取り引きされていた株や不動産が、一九九一年二月を境に急落し、日本経済はその後一〇年間低迷した。この期間を「失われた一〇年」と呼ぶ。

「社会を動かしているものは何か」を考えよう

時事・一般常識は、スポーツでいえば〝基礎体力〟に相当する。小論文では、これをベースに、ほかにどんな「知識」が必要になるかというと、「現実や現象の背後にあって、それらを動かしている社会的要因」の知識だ。これを本書では、「因果・背景知識」と名づける。

例題9 難易度 ★★

近年、日本では自殺者が増加しているが*、なかでも目立つのは中高年男性の自殺である。なぜ中高年男性の自殺が増加したのか。社会的な視点で、その要因や背景となるものをあげよ（複数解答可）。

解説

自殺というと「いじめを苦に自殺」など、小中学生がよくニュースになる。しかし、日本では中高年の自殺も深刻で、実際に五〇歳以上の自殺者は全体のほぼ三分の二を占めている。理由別では「経済・生活問題」が多く、自殺者がはじめて三万人を突破した一九九八年は、失業率もはじめて四％を超えている。

解答例

①不況による企業の首切り、早期退職制などで、中高年層の失業者が急増した。
②格差が広がり、中高年の経済的弱者が増えた。
③不況により、中小企業が深刻な経営難におちいった。中小企業の経営者の主体は中高

＊ 自殺者は、一九九八年に三万人を突破して以来一四年間連続して三万人を超え、大きな社会問題となっている。

年層で、彼らに経済的・精神的負担が重くのしかかっている。
④終身《しゅうしん》雇用《こよう》制《せい》や年功《ねんこう》序列《じょれつ》賃金など、日本的経営が崩れ、中高年層が将来の明るい人生設計を描けなくなった。
⑤中高年の離婚が増加し、孤独感や絶望感から男性の自殺が増加した。
⑥適応力に劣る中高年層がＯＡ化*など企業の合理化の波に乗り遅れ、大きなストレスを受けている。

小論文で直接役に立つ「因果・背景知識」

右のような解答例を引っぱり出すには、「現象（現実）」と「要因・背景」を結びつける洞察力が必要だ。それも含めてこのような知識を、「因果・背景知識」と呼ぶ。これは、「鋭い小論文」を書くために欠かせない。

たとえばこの解答例では、⑤「中高年の離婚の増加」などが、ちょっと目のつけどころを変えたおもしろい視点だ。これをさらに深めていくと、だれもが思い出せそうな「失業による経済苦」などとはちがう、鋭い意見を引っぱり出せそうだ。やってみよう。

例題10　難易度 ★★

近年、結婚して二〇年以上経過してからの離婚、いわゆる熟年離婚が目立つが、熟年離婚では、女性から離婚を申し出るケースが多いと言われている。なぜそうなのかを、要因や背景に触れながら説明せよ。

＊【ＯＡ化】
正式には「オフィス・オートメーション化」。職務の合理化、迅速化のための職場へのコンピュータ導入のこと。

KEY WORD

中高年の離婚＊ 解説

女性の意識変化と男性の保守性

日本には、「男は外で働き、女は家で家庭を守る」という伝統的な価値観が根強くある。それが、長らく女性の自立や社会進出を妨げてきた。しかし、近年は、男性に頼らない自立した生き方を選ぶ女性が増えている。女性の意識はかなり変わってきているのだ。

結婚後二〇年以上の夫婦というと、女性はそろそろ子育てから解放され、やっと自分のための時間を持てる時期だ。外で働きたい、商売を始めてみたいなど、家族や夫のためだけでなく、自分を大切にした自立的な生き方を強く望むようになる。

ところが、男性の意識は女性ほど変わっていない。とくに高い年齢層の男性ほど「女は家にいるべきだ」という古い価値観を変えられず、〝外に出たい妻〟を家に縛りつけようとする。この価値観のズレが夫婦間に深いミゾをつくる。最終的に、女性は自分を抑制して夫に従うか、自分を大切にして離婚するかの選択になる。ところが最近は、古い価値観に縛られない女性が増えたため、離婚へ発展するケースが増えている。

＊ 五〇歳以上の夫婦の離婚件数は二〇一〇年に六万二二三五件に達し、一九七〇年（五四一六件）からの四〇年間で約一一倍も増えている。とくに一九九〇年から二〇〇〇年にかけての急増が顕著である。

解答

子育てを終えた女性は、自分のために働きたいという自立志向を強めるが、「女は家にいるべきだ」という古い価値観の中高年男性はそれを認めようとしない。この価値観のズレに耐えられずに離婚を選択する女性が増えている。

「因果・背景知識」は、鋭いアイデアの源になる

解答の書き方はいろいろあるだろう。基本的には、女性の価値観の変化、子育てを終えた女性の自立志向、男性の保守的な価値観、などに触れていれば合格点と考えていい。字数にもそれほどこだわる必要はない。

それより、この例題を通してつぎのことを知ってほしい。つまり、「因果・背景知識」は、ありきたりではない鋭い意見を掘り起こす〝道具〟として使える、ということだ。ここまでをちょっとふりかえってみよう。

まず、例題9では、「中高年男性の自殺増加」の要因として、「中高年の離婚」を掘り起こした。そして例題10の「中高年の離婚」からは、「女性と男性の意識のギャップ」に行き着いた。

ここから、「古い価値観から抜け出せない中高年男性」の像が浮かび上がってくる。

そうすると、「中高年男性の自殺増加」というテーマが与えられたとき、「中高年男性の価値観が変わっていない」という観点から、鋭いことが書けそうな気がしないだろうか。

「男は外、女は家」という伝統的な考え方は、「男は仕事が第一」「男の価値は仕事できまる」という価値観と表裏一体だ。実際、年齢が上の男性ほどそう考える傾向が強い。しかしこれは、仕事で挫折《ざせつ》したときに脆《もろ》い。たとえば、リストラで閑職《かんしょく》に追いやられることは、彼らにとって「男としての誇り、価値」を奪われることに等しいのだ……。と、こんな展開ができれば、不況やリストラの説明で終わるありきたりな答案よりもずっと鋭い。

ただ、実際に答案を書くときには、途中で出てきた「熟年層の離婚」や「女性の価値観の変

化」などに触れる必要はない。「因果・背景知識」は、あくまでも鋭いアイデアを得るための〝道具〟として使うのだ。いってみれば、釣り竿《ざお》のようなものだ。

小論文は、いちばん大きな魚をつり上げた者が勝つゲームだ。海に出て、とりあえずたくさん魚をつり上げる。そのなかから、いちばん大きい魚を一匹だけ残す。小論文も同じで、掘り起こしたアイデアのうち、いちばんいいものだけを残して、あとは捨てていい。

いい小論文を書く決め手は「対立軸の知識」

「時事・一般常識」と「因果・背景知識」を身につけておけば、どんなタイプの課題が出されても柔軟に対応できるようになる。これらの知識を駆使すれば、十分にいい小論文が書けるはずだ。しかし、早慶や東大などの難関大学を受ける人や、さらにすぐれた小論文を書きたい人は、もうすこし欲張っておきたい。

そこで身につけてほしいのが、ここで説明する「対立軸の知識」だ。比喩的に説明するとこういうことになる。まず、「時事・一般常識」は、土の中にバラバラに点在するイモと考えてほしい。そして「因果・背景知識」は、これらのイモがつくツルのようなものだ。

ところが、このツルは、別のツルと合流しながら、下にいくほど太くなっていく。さらにたどっていくと、そのいちばん先の部分に、巨大な〝双子のイモ〟がついている。これが本書で名づけるところの「対立軸の知識」だ。

なんのことかよくわからないかもしれないが、まずは、つぎの例題にチャレンジしてほしい。そのあとで具体的に説明しよう。

例題11　難易度★★

つぎの①～⑤の事柄は、ある共通点によって大きく二つのグループに分類できる。分類したうえで、どんな観点で分けたのかを簡単に述べよ。

①小学校の運動会のリレーは、昔は足の速い子が選抜されたが、最近は足の速さに関係なくクジビキで選ぶ学校もあると聞いた。
②規制緩和によって、タクシー料金や航空運賃の価格競争*が激しくなっている。企業はたいへんかもしれないが、利用者としては料金の値下げは大歓迎だ。
③戦後、日本は高度経済成長を経て、豊かな国になった。
④「ニート」と呼ばれる無職の若者が増えるいっぽうで、若くして年収一千万円以上を稼ぐ「ニューリッチ」と呼ばれる富裕層も増えている。
⑤最近は、年功序列賃金をやめ、年俸制《ねんぽうせい》や契約制を採用する企業が増えている。

* たとえばタクシー料金は、「同一地域同一運賃」の原則のもとで規制されていたが、規制緩和によって自由化され、価格競争が激しさを増している。

解説

①～⑤のことがらは、一見、お互いに関連性がないように見える。しかし、見えないところでは大きな理念的なものにつながっている。それを引き出すには、単純な話だが「なぜそうなのか?」「それはなぜか?」という問いを発すればいい。
まず、考えやすそうなのは①だが、これはなぜかというと、いまの学校は、能力（足の速さ）よりも平等性を重視している、ということだ。

ここからとりあえずのキーワード、「能力」と「平等」が出てきた。では、この二つの言葉で、残りのものを説明できるだろうか。解答を示そう。

解答例
〔①・③〕と〔②・④・⑤〕
平等性を重視するか、能力を重視するかのちがいで分けた。

KEY WORD
「平等主義」と「能力主義」 解説

戦後の日本は、徹底した平等主義を貫いた

「平等を重視すべきか、能力を重視すべきか」というのは、いまの日本を揺り動かしている大きな〝対立軸〟だ。これまでの日本は、平等主義を徹底させる社会を目指してきたが、それがここにきて、反省されているのだ。

戦前まで階級社会だった日本は、戦後、アメリカの指導のもと、徹底した民主化運動に乗り出した。その結果日本は、欧米先進国も達成していないような平等社会を実現した。

平等社会のいいところは、身分や家柄に関係なく、努力次第で上に行く道が開かれていることだ。これは、国民を勤勉にする。階級差の残る社会（たとえば、イギリスやフランスなど）では、「労働者の子は労働者、職人の子は職人で終わる」と決まっているようなもので、がんばって上を目指すという意欲は低い。だから、あまり一生懸命に働かない。

しかし、日本のような平等社会では、だれでも一生懸命に働けば収入が増え、豊かな生活ができると信じられる。この信念に支えられて、国民は一丸となって働いた。これが、高度経済成長*の原動力になったのだ。そして、現実に日本は豊かになった。

*【高度経済成長】 一九五〇年代後半から七〇年代初頭にかけての日本の経済発展。年平均一〇％の経済成長率を達成。七三年の第一次石油危機で終息する。

日本では、税金や賃金の体系も、平等性を重視したものになっている。たとえば所得税も角度の急な累進《るいしん》課税《かぜい》方式をとっている。ようするに、高額所得者からはガッポリと税を徴収し、極端なお金持ちの層を増やさないようにしているのだ。

年功序列制にもとづく賃金体系も、能力があってもなくても、勤続年数に応じて自動的に昇給、昇進できるシステムで、これも能力より平等性を重視したものだ。

平等性重視の"日本型システム"が批判されている

平等性を重視する日本型の社会は、経済が好調なときはよかった。しかし、バブル崩壊後に経済が低迷すると、「行き過ぎた平等主義」が批判されるようになる。つまり、平等性を重視しすぎた結果、個性的な人材、才能ある人材が育たない、自由競争による活力が生まれない、などの弊害を生み出しているというのだ。

そこで、政府や企業は改革に乗り出した。規制緩和もその一環だ。運賃設定や新規参入などの条件を緩和することで企業間の自由競争を活発にさせ、サービスの向上につとめさせる。これも、「能力のない企業は淘汰《とうた》されるべきだ」という能力主義への転換だ。

賃金システムも、従来の年功序列制から、契約制、年俸制へと移行する企業が増えた。年齢に関係なく、能力を基準に給料が決まっていくシステムだ。

また、税制では、現行の所得税の最高税率をもっと下げろという議論が盛んだ。教育では、能力や個性の重視、教育の自由化*などが叫ばれている。これらはみな、能力主義へのシフトを訴えているのだ。

では、能力主義がすばらしいかというと、一概にそうともいえない。日本の平等社会は、確

＊ 公立の小中学校では、学校選択の自由は原則的に認められていないが、これを選択制にすべきだという議論がある。

かに弊害をもたらしているが、いいところもたくさんある。逆に能力主義にもいい面、悪い面がある。この二つは、どちらかを生かせばどちらかが殺されるという関係にある。どうすればいいか、非常にむずかしい問題を多く含んでいる。

しかし、だからこそ議論する価値のある、重要で普遍性の高い理念的な〝対立軸〟になっているのだ。

「対立軸の知識」があれば恐いものはない!

解説がすこし長くなってしまったが、ここで訴えたかったのは、平等主義のすばらしさとかそういうことではない。政治、経済、教育、環境問題、文化など、さまざまな領域でいま問題になっていることは、根っこをたどると、ある大きな〝対立軸〟に行き着く。そのことを知ってほしかったのだ。

小論文を書く側からすれば、この大きな〝対立軸〟を理解しておさえてしまえば強い。どんなテーマが出てきても、根っこにある〝対立軸〟をふまえて書けば、普遍性が高く、かつ鋭い答案になるからだ。本書でも、各章の最終ページに「図で読む対立軸の知識」として小論文で役に立つ六つの〝対立軸〟を紹介しているので参考にしてほしい。

このような大きな〝対立軸〟は、そんなにたくさんあるわけではない。たとえば、現代の思想・哲学の世界で議論されていることは、すべて「近代か、ポスト・モダンか*」という巨大な〝対立軸〟に集約される。ここをおさえてしまえば、難解そうに見える課題文の読解も、はるかに楽になる。


*【ポスト・モダン】「脱近代」と訳すことが多い。近代の生み出したさまざまな価値観を相対化し、乗り越えようとする試みのこと。

Summary ステップ3のまとめ

小論文で必要になる「知識」は三つあった。一つは「時事・一般常識」だ。これはおもに新聞やテレビから仕入れるのが手っとり早い。本では『朝日キーワード』（朝日新聞社）などがその情報源となる。

二つ目は「因果・背景知識」で、これは「現象（現実）」と「背景・要因」の〝結びつき〟を重視する知識だ。ここには推察力という要素もはいってくる。情報源としては、新聞、テレビのほか、本なども含まれてくる。

そして最後は、「対立軸の知識」だ。これは、本から知識を仕入れるのが効率的だ。

とりあえず、自分の受ける大学に合わせて、手っとり早くこれらの知識を身につけたいという人のために、ステップ5では、「学部別・頻出テーマ別のおすすめ本」を紹介する。これも参考にして、楽しく知識を身につけてほしい。

Close Up! 小論文で重要な3タイプの知識

1 時事・一般常識

- 中高年の自殺者の増加
- 大学生の就職難
- 失業率増加
- 規制緩和
- 企業の合併・連携
- 年俸制賃金
- 「派遣切り」の社会問題化

↓

2 因果・背景知識

- 不況を乗り切るための政府や企業の構造改革

↓

3 対立軸の知識

- 「平等主義」vs「能力主義」
- 平等主義による日本型システムが批判され、能力主義に移行

Step 4
知識向上トレーニング2　頻出テーマ12の知識度チェック

転ばぬ先の必須知識〝定期検診〟

きみの現在の〝知識度〟をチェックする

「いい小論文」を書くには、まず知識をつけることだ。そのうえで、アイデアの出し方や書き方のコツなどを学んでいく。知識がなければ、残念ながらいいアイデアは出てこない。

だが、心配しなくてもいい。知識をつけるのは、そんなにたいへんなことではない。なぜかといえば、きみたちは、いまの時点でもすでにかなりの知識を持っているはずで、まったくゼロの状態から覚えていく、というのとはワケがちがうからだ。

だから、まず必要なのは、きみたちの現在の「知識力」がどの程度かを知ることだ。そのうえで、不足しているところだけをうまく補う。あるいは、学部の傾向から判断して、必要になりそうな分野の知識だけを仕入れる。これが、ムダのない賢いやり方だ。

このステップでは、小論文用の〝知識度チェック〟をやっていく。頻出テーマに分けているので、弱点がどこにあるかわかるようになっている。また、できるだけ実戦的な内容を心がけたので、ここにある例題の解答を覚えておけば、本番で思わぬ得をすることもあるはずだ。ただ、知識を授ける目的のテストではないので、解説はごく最小限にとどめさせてもらう。利用法についてはあとで説明するとして、まずは気軽にチャレンジしてほしい。

政治・経済

チェック1

(1) 日本型政治システムの最大の特徴を、「官僚」という言葉を用いて述べよ。
(2) 三権分立の三権とは何か。
(3) 財政赤字の要因をあげよ。
(4) 日米安保体制は、戦後日本の高度経済成長を促した。それはなぜか。
(5) 政府の規模や権限を縮小する「小さな政府」のいい面、悪い面をあげよ。
(6) 「産業の空洞化」とは何か。簡単に説明せよ。
(7) 「日本的経営」の代表的なシステムは、□・□・企業別労働組合である。
(8) 円高が日本経済に与える影響について書け。

国際問題

チェック2

(1) 「冷戦」は、西側の［ア］主義と東側の［イ］主義の対立であった。
(2) ソ連・東欧の社会主義が崩壊したあとに、同地域内で民族紛争が頻発している。それはなぜか。「イデオロギー」という言葉を用いて説明せよ。
(3) ①「NGO」とは何か。②「PKO」とは何か。
(4) 「グローバル化（グローバリゼーション）」の具体例や現象をあげよ。
(5) TPP締結に対する日本国内の賛成派、反対派の主な主張をあげよ。
(6) 「核不拡散条約」（NPT）に対してどんな批判があるか。

■解答例・チェック1〔政治・経済〕

(1) 官僚主導による政策立案が行われていること
(2) 立法権・行政権・司法権
(3) 不況による税収不足／歳出の削減が柔軟にできない／赤字国債の発行
(4) 防衛や軍備の予算を抑え、経済振興策などに潤沢《じゅんたく》に予算を使えたため
(5) 〔いい面〕民間活力が高まる／経済活動の効率化
〔悪い面〕格差拡大／福祉の後退／社会資本の立ち遅れ／公共サービスの質の低下
(6) 人件費などが安い海外に工場が移転し、国内の製造業が衰退すること
(7) 年功序列制、終身雇用制（順不同可）
(8) 輸出産業が打撃を受ける（円高不況）／輸入品（原油など）の価格が安くなる

■解答例・チェック2〔国際問題〕

(1) ア　資本　イ　共産（社会）
(2) 社会主義のイデオロギーが国内の多民族を一つにまとめる役割を果していたが、ソ連の崩壊によって求心力を失い、民族間の対立が表面化した
(3) ①非政府組織（民間の国際協力組織）②国連平和維持活動
(4) 異国間の企業提携・合併／世界同時株安／EU統合
(5) 〔賛成派〕輸出産業伸長／消費者利益（安価な輸入品）／GDP増大
〔反対派〕国内農業の衰退／デフレ拡大／健康保険制度の崩壊
(6) 5カ国（米中ロ英仏）だけに核保有を認める不公平／非加盟国（インド、パキスタンなど）に対する規制ができない

解説

《チェック1》
(1)官僚は国家公務員で、選挙で選ばれてなるのではないことに注意。(7)日本的経営は、個人より組織や人間関係を重視する集団主義的な経営手法。
《チェック2》
(2)最近ではチェチェン紛争、タジキスタン紛争、コソボ紛争など。(3)①一九九九年にノーベル平和賞を受賞した「国境なき医師団」は代表的なNGO。ちなみに国連平和維持軍はPKF。

チェック3　教育・社会問題

(1) 日本の少子化の直接の原因をあげ、その背景を指摘せよ。
(2) 高齢化社会が直面する労働力不足の解決策を提示せよ。
(3) フリーター増加の背景として考えられるものをあげよ。
(4) 「核家族化」の問題点を指摘せよ。
(5) 教育における「平等主義」の①いい面②悪い面を指摘せよ。
(6) 教育問題として近年議論されていることは何か。
(7) 「教育の目的は良い国民の育成にある」と〝対立軸〟をなす理念を書け。

チェック4　医療・福祉

(1) 「インフォームド・コンセント」とは何か。簡単に説明せよ。
(2) 医療における平等主義の例をあげよ。
(3) 「ドナー・カード」とは何か。
(4) 「延命医療」に対して、どういう批判があるか。
(5) 「医薬分業」推進の目的は何か。
(6) 「介護保険法」(二〇〇〇年四月施行) の問題点を指摘せよ。

解答例・チェック3〔教育・社会問題〕

(1)〔原因〕女性の晩婚化、非婚化。〔背景〕女性の就労機会の増加／女性の高学歴化
(2)女性の就労機会を広げる／定年年齢を引き上げる／外国人労働者を受け入れる
(3)若年層の就職難／雇用形態の変化／パラサイトシングルの増加／価値観の多様化
(4)高齢者の扶養能力の低下／育児やしつけ、道徳など、上の世代の経験が伝わらない／子供の人間的接触の減少／過保護化／地域社会の結びつきが弱まる
(5)①〔いい面〕教育の普及／地域格差の解消／知的な国民の形成②〔悪い面〕個性や能力の否定／多様なニーズに応えられない／多様な価値観の否定・画一化
(6)教育の自由化／いじめ／学級崩壊／校内暴力／学力低下／大学入試改革など
(7)「教育の目的は個人の幸福の実現（個性を伸ばすこと）にある」

解答例・チェック4〔医療・福祉〕

(1)医師が患者に治療の目的や危険性を説明し、それに患者が同意してはじめて治療が成立するという原則。
(2)国民皆保険《かいほけん》制度／保険診療制（診療報酬公定化）
(3)脳死状態での臓器提供の本人の意思を明記したカード
(4)「人間の尊厳」を否定している／無意味な治療行為
(5)薬偏重医療の是正（病院の経営的理由による無用な薬乱発の防止）／国民医療費（とくに薬剤費）の抑制／薬の併用による害の防止
(6)要介護・要支援認定の公平性の確保／サービスの地域格差／在宅サービスの立ち遅れ／サービスの質の確保／財源の確保の問題（税方式か保険方式か）

解説

《チェック3》
(3)パラサイトシングルとは、親と同居しながら結婚しない人のこと。(4)戦後の高度経済成長期に、農村から都市へ労働力が大量に移動したことが、核家族化の背景にある。

《チェック4》
(2)個々の診療行為に公定価格を設ける保険診療制では、過剰な診療や投薬を招くマイナス面が指摘されている。医薬分業の推進には、それを防ぐ意味もある。

チェック5　科学・環境問題

(1)「ダイオキシン」の発生源として問題になっている施設は何か。
(2) ゴミの分別回収は、何を目的としたものか。
(3) 地球温暖化で懸念《けねん》される海洋の変化は何か。
(4)「オゾン層」の破壊により懸念される危険は何か。
(5)「環境ホルモン」によって懸念されている人体への影響は何か。
(6)「遺伝子組み換え技術」に対する①思想的批判②実際的な懸念を書け。
(7) 日本の研究開発費（自然科学）は民間の出資が8割を占める。問題点は何か。

チェック6　情報化社会

(1) テレビにはない「インターネット」の特性をあげよ。
(2)「バーチャルリアリティ」とは何か。
(3) インターネットに法的な規制をかけるべきだという議論がある。具体的にどんな問題が起きているのか。
(4)「デジタル・デバイド」とは何か。
(5)「マルチメディアは身体を拡張する」とはどういうことか。一つ具体例（想像的なものでもよい）をあげて簡単に説明せよ。

解答例・チェック5〔科学・環境問題〕

(1) ゴミ焼却施設／産業廃棄物最終処分場
(2) 資源の再利用（リサイクル）／焼却時に有毒物質を出すゴミを別処理にする
(3) 海水面の上昇（それに伴う南洋諸島の水没）
(4) 紫外線増加による皮膚ガンの多発、生物への影響など
(5) 精子数の減少／生殖器や生殖能力の異常／癌や悪性腫瘍の誘発
(6) ①自然に反する行為／人間の驕《おご》りなど②有害な遺伝子を持つウィルスの自然界への漏出／生態系の破壊／遺伝子組み換え食品等の人体や環境への影響
(7) 基礎（純粋）研究の軽視・立ち遅れ／研究自体が営利目的化する

解答例・チェック6〔情報化社会〕

(1) 情報の双方向性／情報のスピードが速い／世界中に開かれている
(2) CG画像などが作りだす実在しない現実、仮想の現実感のこと
(3) 性・暴力表現・わいせつ画像の氾濫／プライバシー侵害／個人情報流出／犯罪に利用される／知的所有権・著作権の侵害／個人取引・電子取引のトラブル／匿名による名誉棄損《きそん》／特定個人の誹謗《ひぼう》・中傷《ちゅうしょう》
(4) パソコンなどを使えない人が（使える人に比べて）不利を被る情報格差
(5) たとえば、バーチャルリアリティを駆使して、外国の患者を東京にいる医師が手術することができるようになる。これは、手や五感が、身体の物理的境界を越えて拡張したのである

解説

《チェック5》
(1)ダイオキシンはプラスティックなどを焼却したときに発生する。発がん性、催奇性（奇形児の出産）などが懸念される。(6)遺伝子組み換え食品の表示をめぐって議論が起きている。

《チェック6》
(5)時間や空間的な限界を超えて、人間の身体的な能力が拡大する例をあげられていれば正解とする。バーチャルリアリティを使ったゲームなどもその一例。

チェック7　女性・人権問題

(1) 職場等での「性的いやがらせ」を何というか。
(2) 労働環境における女性差別の例をあげよ。
(3) 一般的に企業が女性を雇用したがらない理由は何か。
(4) 「ジェンダー」とは何か。
(5) 日本に住む納税者（二〇歳以上）で、選挙権を認められていない人はだれか。
(6) 「特定秘密保護法」の問題点をあげよ。
(7) 日本国内の差別問題をあげよ。

チェック8　法・民主主義

(1) 民主主義の基本的な理念をあげよ。
(2) 「日本国憲法」の第九条では何がうたわれているか。
(3) 行政文書の開示請求権などを定めた法律を何というか。
(4) 「死刑廃止論」の代表的な主張をあげよ。
(5) 「知る権利」「表現の自由」と対立する権利は何か。
(6) 二〇〇九年から始まった裁判員制度について、①どのような制度か。②この制度の問題点をあげよ。

解答例・チェック7〔女性・人権問題〕

(1) セクシャル・ハラスメント
(2) 就職差別／賃金・昇給格差／仕事内容の差別（お茶くみをさせるなど）
(3) 結婚、出産などの理由で長期間勤めない／男性より能力が劣るという偏見
(4) 「男らしい」「女らしい」のように、社会や文化により規定される性別
(5) 在留外国人（在日韓国人など日本国籍を持たない人）
(6) 「知る権利」の侵害／「特定秘密」の範囲が曖昧／取材・報道の自由の阻害
(7) 被差別部落出身者への差別／在日朝鮮人の差別／外国人労働者の差別／身障者差別／同性愛者差別／エイズ患者差別／女性差別／学歴差別など

解答例・チェック8〔法・民主主義〕

(1) 人権の尊重・自由（権）・平等（権）
(2) 戦争放棄・戦力不保持・交戦権拒否
(3) 情報公開法
(4) 死刑を存続させても犯罪は減少しない／死刑は憲法が禁止する残虐な刑罰／誤審の場合に取り返しがつかない
(5) プライバシーの権利
(6) ①市民が裁判員として裁判に参加する制度。
②裁判員の精神的負担（守秘義務・量刑判断・誤判の不安）／専門知識の不足による誤った量刑判断／メディアの事件報道による予断の形成（感情的判断）など

解説

《チェック7》
(1)いわゆるセクハラの正式呼称。(4)「ジェンダー」に対して生物学的な性別を「セックス」と呼ぶ。(5)在留外国人に地方参政権を与えるか否かの議論が起きている。

《チェック8》
(1)歴史的には、一七八九年のフランス革命で「自由・平等・博愛」が掲げられた。(6)市民の日常感覚や常識の反映、司法に対する国民の理解向上などを目的とし、地方裁判所で行なわれる刑事裁判のうち重大な犯罪（殺人罪など）に適用される。

チェック9　言語・文化

(1) 英語が世界中に普及した背景や理由を述べよ。
(2) 日本では虹は七色に見えるが、アメリカでは五色に見えるという。これは、ものの認識や考え方が□によって規定されている証拠である。
(3) 「母国語」という言葉を「母語」に改めるべきとする主張の根拠は何か。
(4) 言語とはどういうものか。二つの観点から言語を定義しなさい。
(5) ①「文化相対主義」とはどんな立場か②これと〝対立軸〟をなす主義は何か。

チェック10　近代・ポストモダン

(1) 西洋中心主義とは何か。
(2) デカルトを出発点とする近代合理主義のものの考え方とはどのようなものか。「精神」と「物質」という言葉を用いて簡単に述べよ。
(3) 「自然」と「人間」の関係について、西洋と東洋の考え方のちがいを述べよ。
(4) つぎの①、②は近代精神の代表的な考え方である。これと〝対立軸〟をなす近代の批判者（ポスト・モダン）の考え方を述べよ。
①時間や空間は均質で計量可能なものである。
②人間や歴史は、よりよい方向に進歩する。

解答例・チェック9〔言語・文化〕

(1) 一九世紀以降の英米植民地支配の拡大／アメリカが世界の経済や文化をリードする国だから
(2) 言語（文化）
(3) 自分たちの国家（母国）を持たずに他言語の国に属する民族（たとえば日本の場合ではアイヌ民族など）もいるから
(4) ①言語はコミュニケーションの手段である
②言語は人間の思考そのものである
(5) ①各民族の文化に優劣はないとする立場②普遍主義

解答例・チェック10〔近代・ポストモダン〕

(1) 西洋の社会や文化だけが普遍的とする考え方／西洋が世界の中心という考え方
(2) 精神と物質を分けてとらえる
(3) 西洋は人間と自然を対立物としてとらえ、東洋は合一したものととらえる
(4) ①時間や空間は均一ではなく、疎密（聖俗）がある
②進歩という概念は普遍的なものではなく、近代西洋が生み出した特殊な概念にすぎない

解説

《チェック9》
(2)鈴木孝夫『ことばと文化』（岩波新書）を参照。(4)拙著『読むだけ小論文』（学研）を参照。(5)①文化相対主義は西洋を普遍的だとする西洋中心主義への反省から生まれた。
《チェック10》
(2)精神と物質を切り離すことで、対象を客観的に分析することができるようになった。(4)①たとえば、祭りでは日常とはちがう時間や空間が現出する（濃密な時間・空間の例）。

Step4 知識度チェック

チェック11　日本文化

(1) 日本人は集団主義と言われている。①集団主義とは何か。簡単に定義せよ②集団主義の弊害《へいがい》として指摘されていることをあげよ。
(2) 日本人の集団主義的な性格を表すことわざや成句などをあげよ。
(3) 「日本は、世界に通用する普遍的な文化を生み出していない」という主張に反論したい。反論のための具体例（ただし現代的なもの）を列挙せよ。
(4) 「茶道や生け花は、日本独自の文化である」という主張に反論せよ。

チェック12　文学・芸術

(1) ①哲学上の「心身二元論」とは何か②それにはどんな問題があるか。
(2) 仏教とキリスト教の生と死についての考え方のちがいを説明しなさい。
(3) 芸術に関して「芸術至上主義」（A）という考えと、「国民に奉仕する芸術」（B）という考え方がある。両者のちがいを説明しなさい。
(4) 「芸術とは様式である。何を描くかよりもどう描くかだ」（A）という意見と、「芸術とは内容である。どう描くかよりも何を描くかだ」（B）という意見がある。それぞれを簡潔に説明しなさい。
(5) ロマン主義と写実主義の芸術観のちがいを説明しなさい。

■解答例・チェック11〔日本文化〕

(1) ①個人よりも集団や組織を重視する価値観②個性の否定／異なる価値観の排除／閉鎖社会をつくる／全体主義に走りやすい／責任の所在が不明瞭など
(2) 長い物には巻かれろ／寄らば大樹の陰／出る杭《くい》は打たれる／郷に入っては郷に従え
(3) カラオケ、アニメ、コミック、ゲーム、武満徹、ファッション、クロサワ映画
(4) 茶道も生け花も、大陸（中国）から伝わった文化を起源とする

■解答例・チェック12〔文学・芸術〕

(1) ①身体と心はまったく別個の二つの実体であるという考え方②身体的な働きを含む豊かな人間性の否定／多義性の否定による感性の硬直化／自然の奴隷化による環境破壊など
(2) 仏教は生と死を円環（輪廻転生）としてとらえ、キリスト教は出発点と終点を結ぶ直線としてとらえる（終末観）
(3) Aは社会や道徳に縛られず純粋に美を追及する立場、Bは国家や社会に貢献する芸術を目指すという立場
(4) Aは、題材よりは表現を重視する立場。小説などでも言葉の美しさ、人物心理の表現などに工夫を凝らそうとする。Bはメッセージ性を重視する立場。社会問題を扱い、人びとに問題を訴えかけようとする
(5) ロマン主義は人間の自我が生み出す世界を表現しようとする。それに対して写実主義は、人間の存在や社会を直視し、ありのままの現実を描こうとする

解説

《チェック11》
(2)「出る杭は打たれる」は、異質な価値観を認めない集団主義の特徴を表している。(3)世界に広まっている寿司や醤油などの食文化も正解にしてよい。
《チェック12》
(1)心身二元論への批判は「近代」の批判に直結する現代思想の重要テーマ。『ヨーロッパ「近代」の終焉』（講談社現代新書）に詳しい。(3)~(5)芸術学部や文学部を受ける人は知っていたほうがいい。『読むだけ小論文』（学研）で解説。

採点上の注意

採点は各自の判断で行う。合っていると思えば○、惜しい解答の場合は△、手が出ないかトンチンカンな答えは×だ。表現にはあまりこだわらず、だいたい同じ趣旨なら○にしていい。解答が複数あるときは、一つでも合っていれば○にしていい。

なかには、解答例にはない独創的な答えを書く人もいるだろう。これは、見せてもらわないと、いいか悪いか判断できないので、申し訳ないが×にしておいてほしい。解答例は「常識的にはこう答えるべきだ」というものを出している。きみの「鋭さ」や「独創性」を判断するテストではないので、了承してほしい。

利用法

全部で七〇題あるが、合格ラインは早慶など難関大志望者は四五題以上、中堅校志望者は三五題以上とする（△は二つで○一つ分に数える）。それ以下の人は、まず「時事・一般常識」から鍛えていこう。

テーマ別に見ると強いところと弱いところがあるはずだ。基本的には、弱いところを優先的に補強すればいいが、学部によってはその必要がないこともある。つぎのステップ5を読んでから、どのテーマの知識を重点的につけるかを考えてほしい。

できなかった問題は、理解できるものはそのまま覚えてほしい。覚えて絶対に損はしない。ちょっと調べればすぐにわかるものも多い。『朝日キーワード』（朝日新聞社）やネット事典などで用語を調べてみよう。それだけで、かなりの知識が身につく。

知識向上トレーニング3 ●頻出テーマ別推薦図書

志望校の〝必殺知識〟を効率よく！

志望校の傾向に合わせて知識をゲット！

まずは左の表を見てほしい。これは、「おさえておきたいテーマ」を志望学部別にまとめ、重要度がわかるように一覧表にしたものだ。重要度の高い順に◎・○・△の記号を使用し、◎はその学部でもっとも必要になる必須テーマを表している。○は◎のつぎにおさえておくべき重要テーマ、△はおさえておくと役に立つテーマを表している。

この表と、ステップ4の〔知識度チェック〕の結果をふまえ、自分にとって重要度の高い知識から優先的に仕入れる。ようするに、志望学部に必要かつ自分の弱点になっているテーマの本を読めばいいのだ。どんな本を読めばいいかは、六〇〜六四ページで紹介する。

紹介する本は、一冊読めば〝得意分野〟にできるだけの知識が盛り込まれている、ということを第一の条件にした。さらに、空き時間を利用して気軽に読め、二、三日で読破できそうな本を中心に選んだ（定価が安いこともポイントの一つ）。

ここで紹介する以外に、「ちょっとアクは強いが、ユニークな視点が光る本」を6章の二〇四ページで紹介する。これらの本は、〝鋭いフレーズを盗む本〟として推薦したい。興味があれば、ひと通りの知識を仕入れてから読んでほしい。

志望学部別“必読テーマ”一覧表

	医学部	法学部	教育学部	文学部	政・経・商学部	工学・理学部	情報学部系	人間学部系	生活学部系	福祉・医療系	芸術学部
1 政治・経済		○			◎		○				
2 国際関係		△	○	△	○	○	△		△	○	
3 教育・社会問題	○	△	◎	△	△	○	○	○	△	△	○
4 医療・福祉	◎	△	△					○	○	◎	
5 科学・環境問題	○		○		○	◎	○	◎	◎	○	△
6 情報化社会		○			△	○	◎	○			△
7 女性・人権問題	△	○	○		△	△		△	○	○	△
8 法・民主主義	○	◎	○	○	○		△		△	△	
9 言語・文化			△	○				△			○
10 近代・ポストモダン				○			○	○			○
11 日本文化	△	○	○	○	○	○			○	○	○
12 文学・芸術				◎							◎

◎…必須（最優先でおさえておく！）
○…重要（知っているとかならず役立つ）
△…有効（余裕があればぜひおさえたい）

1冊で！　●頻出テーマ別BOOK GUIDE 1

1 政治・経済

ホットな論争・論点を、背景知識とともに知る

文藝春秋 編
『日本の論点』
（文藝春秋）

『日本の論点』（文藝春秋）は、政治経済から教育、環境、人権まで、あらゆる分野で現代の日本が直面している論点（命題）とその背景知識を知るには絶好の本。「筆者が何を根拠にイエスまたはノーを主張しているのか」に注目して読み進めてほしい。

ただし、全部読むのは骨が折れる。政治・経済系の学部を志望する人は、日本経済、グローバル化、規制緩和、地方自治など、学部に関連するテーマを中心に読めばいい。全般的には、やや保守的な論調が目立つということも頭に入れて読んでほしい。

2 国際関係

「国際的な視野」で考えるための知識を仕入れる！

原　康
『国際関係がわかる本』
（岩波ジュニア新書）

民族紛争から南北問題、地球環境、グローバリゼーションまで、現代の国際問題がわかりやすく理解できる。中高生向けの内容だが、小論文で必要になる知識はこの程度で十分だ。

それぞれの国が、文化や宗教、政治体制のちがいを乗り越えて国際社会を築くことのむずかしさと重要性を理解できれば目的は達する。

「新民族主義と新国際主義」「NGO」「人権外交」「核軍縮」「国際援助」などについての理解を深めながら、「国際社会で果たすべき日本の役割」について考えをまとめておきたい。

3 教育・社会問題

「個性」をキーワードに教育のあり方を考える

河合隼雄
『子どもと学校』
（岩波新書）

筆者の河合隼雄氏は心理療法の第一人者で、子どもの心への深い理解に立った教育論が展開される。

ここでは、一つの価値観を押しつける日本型教育を批判しながらも、個性重視の教育のむずかしさも鋭く考察されている。

全体としては、「教える／教えられる」の固定化した教育を批判し、「ともに学び創造する場としての教育」という理念を提示していることを読み取る。子どもの個性、心の世界の多様性をふまえて教育問題を論じるときのお手本にしてほしい良書だ。

志望学部用の“合格知識”は、この

4 医療・福祉

医学の進歩と人間・社会との調和を考える

高久史麿
『医の現在』
（岩波新書）

臓器移植、遺伝子治療、インフォームドコンセント、地域医療のあり方など、現代の医学が抱える問題点、背景知識を知るには欠かせない本。
時間がない人は、先端医学の紹介を目的とした1章の前半を飛ばして「臓器移植の課題」以降を中心に読む。文化的、社会的背景に注意しながら、**問題点がどこにあるのかを整理しておく**と役に立つはずだ。
医学や医療を思想的な視点でとらえたい人は、この本のあとに**『臨床の知とは何か』**（岩波新書）を読んでおくことをすすめたい。

5 科学・環境問題

科学は客観的・中立的な学問ではない

村上陽一郎
『近代科学を超えて』
（講談社学術文庫）

この本では、「科学は絶対的な真実を探究する」という常識にノーをつきつけている。要約すると、「**科学は、時代の価値観から独立して存在するような客観的な学問ではない**」ということが書かれている。そして、「科学の客観性への信奉」が、環境問題なども含めた現代社会の混迷の原因になっていることを指摘し、新しい科学観の必要性を提唱している。
難解に感じる人は**『臨床の知とは何か』**（岩波新書）の1章「〈科学〉とはなんだったのか」を合わせて読んでみると理解がはかどるはずだ。

6 情報化社会

コンピュータの可能性と問題点を知る

村井　純
『インターネットⅡ』
（岩波新書）

『インターネットⅡ』（岩波新書）は、おもに技術的な側面からインターネットの将来性を肯定的にとらえた本で、**情報化社会の具体的なイメージを持つ**には役に立つかもしれない。
ただし、情報化社会の問題点については簡単な解説しかなく、かなり楽観的に考えられている。コンピュータが人間や社会に及ぼすマイナスの影響について整理しておきたい人は、**『マルチメディア』**（岩波新書）の2章「思考のテクノロジー」と5章「声・文字・コンピュータ」を合わせて読んでおくといいだろう。

7 女性・人権問題

女性差別の背景にある文化的・社会的要因を知る

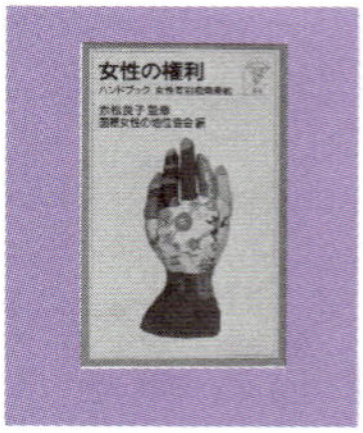

赤松良子 監修
『女性の権利』
（岩波ジュニア新書）

「差別していることを意識できない差別」ほど差別の根は深いということを、この本から読み取ってほしい。

現在問題になっているさまざまな女性差別の背景に注目し、差別のない社会を実現するための対策について考えをまとめておきたい。生物学的な性（セックス）と社会が規定した性（ジェンダー）のちがいも覚えておく。

なお、この本はリベラルな立場（個人、自由の尊重）で女性問題を扱っていて、「日本の良き伝統・美風を守る」という保守的な立場に「ノー」を言っていることも理解しておこう。

8 法・民主主義

法は絶対的なものではなく、時代とともに変わる

渡辺洋三
『法とは何か〈新版〉』
（岩波新書）

「法」というと堅苦しいイメージがあるかもしれないが、じつは非常に人間的でかつ身近な存在であることを、この本からくみとってほしい。細かい法律的議論はさておき、日本社会で起きているさまざまな法律問題とその背景、判断をくだす際に必要な社会的視野を学びとれればいい。

「正義（法）の尺度は時代や文化によって異なる」「日本では法と道徳が混同される傾向にある」など、小論文の試験でも使えそうなフレーズがたくさんあるので、目についたものはノートに書き出しておくといい。

9 言語・文化

「言葉は文化そのものである」ことを知る

鈴木孝夫
『ことばと文化』
（岩波新書）

言葉というと「物を指し示す記号」「伝達の手段」としか考えない人も多いが、じつは「言葉は文化そのものである」というのが本書の主張だ。

ようするに、人間が自由に言葉を使っているのではなく、言葉が人間のものの見方を決めているということが、豊富な実例とともにわかりやすく説明されている。日本文化の特質や欧米と日本の文化のちがいなども、言葉の問題を通して平易に語られる。

鋭い小論文を書くためのネタがこの本にはたくさんつまっている。難関大学を目指す人の必読書でもある。

志望学部用の“合格知識”は、この

10 近代・ポストモダン

近代文明の行き詰まりを、近代精神の構造から解明

山本雅男
『ヨーロッパ「近代」の終焉』
（講談社現代新書）

「近代／ポストモダン」についてわかりやすく解説した良書。「理性」「自由」「平等」「進歩」といった概念は、けっして普遍的なものではなく、西洋という狭い地域に芽生えた特殊な考え方の一つであるという認識を、この本から得てほしい。

西洋に繁栄をもたらした近代精神は、いっぽうで戦争や環境破壊、核の恐怖などをまき散らす。現代起きているさまざまな問題も、根っこをたどると近代精神に行き着くという理解があれば、いくらでも鋭い小論文を書けるようになるだろう。

11 日本人文化

日本人の集団主義を社会科学的に分析した名著

中根千枝
『タテ社会の力学』
（講談社現代新書）

日本人の「個人と社会」の独特な関係、すなわち集団主義を知るにはもっとも適した入門書。日本に個人主義が根づかないと言われる理由も、この本を読めばスッキリ理解できるだろう。

ようするに日本人の行動原理は「個」にはなく、集団の価値観に規定されるということなのだ。家族や学校など身近な例を思い浮かべて読めば、いっそう理解しやすくなるはずだ。

ただし、かなり古い本なので、集団主義的な価値観が崩壊しかけている現代の状況を説明しきれていない。この点は差し引いて読む必要がある。

12 文学・芸術

最新の文学理論とはどんなものかを知っておく

川本皓嗣・小林康夫 編
『文学の方法』
（東京大学出版会）

世界史で習う絵画や文学などの文化史を、思想史とからめて概観した本があればベストだが、残念ながら見つからなかった。とりあえず『文学の方法』（東京大学出版会）をすすめたい。

この本では、最新の文学研究理論がわかりやすく紹介されている。ひと言でいうと、文学作品を「読む」とは作者の伝えたいメッセージを読みとるのではなく、世界を解釈し創造する行為である、ということだ。マジメに一冊を通して読もうとせず、おもしろそうなところをつまみ食い的に読んでいけばいいだろう。

「ボランティア」「高齢化社会」をおさえる本

本というのは、義務のように押しつけられて読んでもおもしろくない。おもしろく読めなければなかなか記憶に残らない。その意味で、ここまで紹介してきた一二冊の本は、できるだけわかりやすく、興味の出そうな内容のものを厳選したつもりだ。

しかし、なかにはちょっと専門的すぎて、ある程度の予備知識がないとつらいものもある。そこでおすすめしたい本が、拙著『読むだけ小論文』シリーズ（学研）だ。この本は、頻出テーマについて、必要十分な背景知識や論点、対立軸などをダイジェストでまとめている。この本を先にざっと通読してから紹介した本を読むと、かなり理解しやすくなるはずだ。また、試験直前のまとめとしても活用してほしい。

ここまでに紹介しきれなかった良書として、つぎの二冊もあげておきたい。まず、ここ数年かなり流行している「ボランティア」について理解を深めるには、『ボランティアの考え方』（岩波ジュニア新書）をすすめたい。医学部、福祉系、生活学部、教育学部、人間科学部の志望者は読んで損をすることはない。

もう一冊は、『高齢者医療と福祉』（岩波新書）だ。介護保険制度の実施にからんで、今後もこのテーマの出題は学部を問わず出題されるだろう。基本的には新聞やテレビなどを注意してみていればいいのだが、論点や問題点を整理するには、やはりこの手の本のほうが効率的に知識を吸収できる。医学部（看護系を含む）や教育学部、法学部、人間科学部などを志望する人は、時間があれば目を通しておきたい一冊だ。

Summary ステップ5のまとめ

小論文向きの知識を効率よくテーマ別に仕入れようと思ったら、やはり本に頼るのがいちばんだ。このステップでは、志望校の出題傾向をふまえて、できるだけ短時間で読め、しかも、小論文を書くうえで必要な知識が過不足なく補える良書を選《え》りすぐって紹介した。

本はどこで読んでもいい。むしろ机に向かって読むのはもったいない。電車の中、トイレの中、ベッドの中、昼休み……など、空いている時間を有効に使って読めば、知らず知らずのうちに知識が身についてくる。

もちろん読みっぱなしにするのはダメだ。使えそうなフレーズに赤線を引き、そこで仕入れた知識をさっそく模試や添削などで試してみよう。

知識というのは、ただしまっておいても意味がない。それは、使ってはじめて役に立つお金のようなものなのだ。

Close Up! 試験に出る知識を効率よくゲット

1 現時点での“知識度”を測定する
→“知識度チェック”（p.45 ～56）を活用
→不得意なテーマを見きわめる

↓

2 志望学部によく出るテーマを調べる
→志望学部別“必読テーマ”（p.59）を活用

↓

3 重要度の高いテーマから順に知識を入れる
→頻出テーマ別・ブックガイド（p.60 ～64）を活用

図で読む対立軸の知識②

政治・経済

自由を重視すべき VS **平等を重視すべき**

【背景】日本型システムの硬直性が批判され、近年は自由を重視する政策転換が叫ばれている。

●実現の手段●

自由な市場メカニズムに任せる

〔具体例〕
・規制緩和・撤廃
・自由貿易・教育の自由化の推進

【背景】戦後の日本は、「平等社会の実現」を目標に税や教育、社会保障などの制度を確立した。

●実現の手段●

法、行政による社会的規制や保護

〔具体例〕
・国民皆保険制度
・補助金行政
・所得税の累進性

問題点

しかし・・・

自由競争・能力主義
アメリカ型社会
↓
「弱肉強食」の社会
格差の拡大
弱者切り捨て

×

しかし・・・

社会的規制・保護
日本型社会
↓
経済活動の自由を制限
「自立」を阻害
経済の不効率

「小さな政府」
政府機能・規模の縮小
↓
福祉の後退
公共性の軽視

×

「大きな政府」
政府機能・権限の強化
↓
民間活力の衰退
税の高負担

3章

答案構成トレーニング

この“型”で合格小論文が書ける！

この〝型〟のマスターで、ぐんと楽になる!

●樋口式・四部構成法のツボ

なぜ〝型〟にはめて書くといいのか?

知識もあって鋭いことに気がついているのに、書き方がまずいために、言いたいことの半分も伝わってこない。添削をしていると、このような答案にかなりお目にかかる。

何が悪いのかというと、①命題がしっかりしていない、②反対意見を想定していない、③一つの論点を深めていない、④論理的に展開できていない、⑤結論がはっきりしていない、のどれかに該当しているのだ。

五つあるうちのどれか一つ、その〝ない〟のおかげで全体のバランスが崩れ、説得力が消えてしまう。それに気づかずに書きはじめると、もう取り返しはつかない。何度も書き直してやっと満足のいく答案が書けた、というのは練習段階では許される。むしろ、最初はおおいに書き直してほしい。だが、本番では、そんなことをやっている余裕はない。

そこで〝型〟だ。これから紹介する〝型〟にあてはめて書けば、自動的に①~⑤の〝ない〟を〝ある〟に変えられる。しかも、どうやって書きはじめようとか、どうやって終わろうかとか、余計なところで頭を悩ませずにすむ。時間の少ない試験では、これはうれしい。浮いた時間をアイデア出しに回して、内容を充実させることに専念できるからだ。

これが樋口式・四部構成法だ！

では、樋口式・四部構成を簡単に説明してから、すぐにトレーニングに移ろう。
〔第一段落〕問題提起
命題を示す段落。「……だろうか」と問いかけの形にするのが基本形。課題文があるときは、課題文を要約して命題を示す。
〔第二段落〕意見提示
命題に対して「イエスかノーか」の立場をほのめかす段落。「確かに……。しかし……」のスタイルで書くと深みが出る。
〔第三段落〕展開
小論文の最大のヤマ場。一つに論点をしぼって主張の根拠をできるだけ掘り下げて書く。本書では〝定義提示型〟と〝背景提示型〟の二つのタイプの展開法を紹介する。
〔第四段落〕結論
全体を整理して、イエスかノーかを述べる。

図解　樋口式・四部構成をマスター！

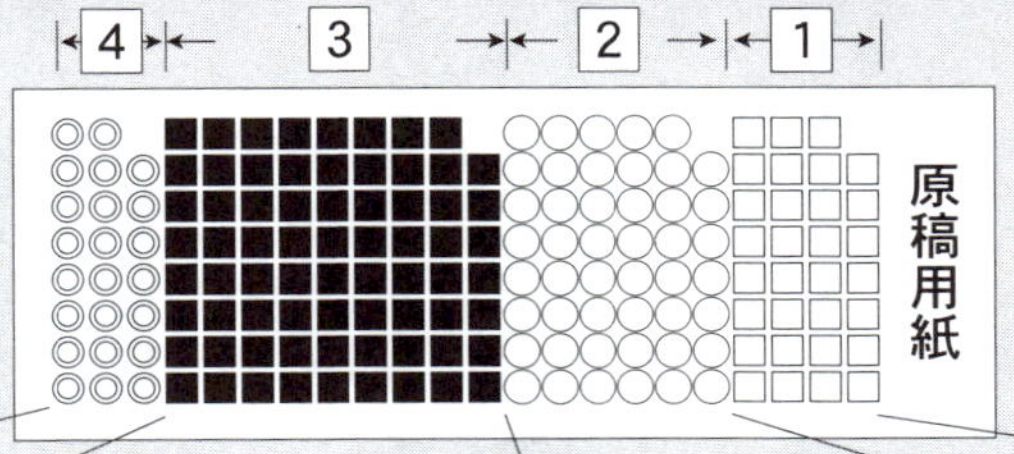

結論 10％	展開 40～50％	意見提示 30～40％	問題提起 15～20％
「以上より、…」「したがって、…」	「なぜなら、…」「その背景には…」「そもそも○○とは、…」	「確かに、……。しかし、……。」	基本形・書き出し例 「…だろうか。」

まずは、大きく〝型〟をつかまえる

例題12 難易度★

「ある中学校で定期テストをやめることになった。学力偏重、競争激化につながるというのがその理由である。これについてあなたの意見を述べよ」という課題が出た。これを読んだA君は、つぎのようなことを頭の中で考えた。
定期テストがなくなると、ゆったりと学校生活を送れるだろうね。だけど、それは教育のあり方としては好ましいことではないはず。そもそも教育の目的は、社会が必要とする人材を育成することだ。これからの日本は、ハイテク分野で世界と競争していかなければ生き残れない。競争にもまれながら能力を発揮できるタフな人じゃないとダメで、そういう人材を育成していくべきだ。

〔問い〕A君の考えを、つぎの指示に従って四部構成の〝型〟に整えなさい。
①問題提起・意見提示・展開・結論の順に1～4の番号をふり、それぞれ簡単にまとめなさい。ただし、1の「問題提起」は「学校の定期テストを廃止すべきか」という命題を使いなさい。
②2の「意見提示」では、「確かに……。しかし……」の形にあてはめて書きなさい。ただし、A君が考えていないことまで書いてはいけない。

■出典
「白藍塾」添削課題を改題。

「構成メモ」をつくろう！

解答例は下に図版としてまとめた。書くべき内容を四部構成の段落ごとに要約してまとめたものを、本書では「構成メモ」と呼ぶ。

この例題のポイントは、まず、4の「結論」が「廃止すべきでない」と、「ノー」の立場になっているかどうか。そして、「意見提示」の「確かに」のあとに、反対意見となる「ゆとりができる、のびのびとできる」などが書かれているかどうか。この二つができていれば、とりあえず合格点と考えていいだろう。

3の「展開」のところは、A君の考えたことをそのままの順番でコンパクトにまとめる。文章をつなげて書いてもいいが、下の解答例のように、①②③と番号を打って箇条書きでまとめたほうが、あとでこれを見ながら答案を書くときに考えやすい。あまりたくさん番号をふらず、二つか三つにとどめたほうがいい。

図解　構成メモで全体の流れをキメる！

構成メモ（例題12の解答例）

問題提起	意見提示	展開	結論
1 学校の定期テストを廃止すべきだろうか。	2 確かに、定期テストを廃止すればゆとりが生まれるかもしれない。しかし、教育のあり方として好ましくない。	3 ①そもそも教育の目的は、社会が求める人材の育成にある。 ②今後、国際競争はますます激しくなる。 ③競争のなかで能力を発揮できる人材の育成が必要。	4 したがって、定期テストは廃止すべきでない。

構成メモを〝下書き〟と考えて答案を書く

構成メモが完成したら、あとはこれに〝肉付け〟をしながら答案を書くだけだ。つまり、構成メモは、答案の下書きと考える。実際の試験では、下書きは時間のムダになるので書く必要はない。そんな時間があったら、〝アイデア出し〟に回したほうがいい。

では、この構成メモからどんな答案が書けるのか。前ページ下段の構成メモに〝肉付け〟をしながら実際に答案を書いてみることにする。*

＊模範答案例では、構成メモに書いた部分（骨格）を太字で表す。

模範答案例　『定期テストを廃止すべきか』

1 問題提起
最近の学校教育では、知識偏重が批判され、競争よりもゆとりを求める声が強い。定期テストを廃止した中学校があるというが、これも、そうした流れに沿ったものと理解できる。では、**定期テストの廃止は、本当に好ましいことなのだろうか。**

2 意見提示
確かに、定期テストがなくなれば、生徒は学力競争から解放され、ゆとりが生まれるかもしれない。のびのびとした環境で生徒の個性を引き出すという考え方も、わからないではない。**しかし、**競争原理を導入することで生徒の意欲や向上心を引き出す教育は、もっと評価されてしかるべきだ。安易な競争回避に向かう**いまの教育のあり方は、けっして好ましいこととは言えない。**

そもそも教育の目的は、社会が必要とする人材を育成することにある。戦後日本の高度経済成長は、国民の勤労意欲が高かったからこそ達成された。学校や職場で、競争にもまれながら各人が自分の能力を高めた結果だ。これは、競争原理を取り入れた教育の大きな成果といってもいい。脱工業化の時代を本格的に迎える日本は、今後、ハイテク産業などの分野で厳しい国際競争にさらされる。そういう時代だからこそ、ちょっとくらいの競争では音《ね》をあげないたくましさを持った人材が必要だ。それを考えると、競争を回避するいまの教育の傾向は、時代の要求に背《そむ》くものとすらいえる。

厳しい国際競争に耐える人材を育成するには、一定の競争原理のもとで個人の意欲を高め、能力を引き出すような教育が望ましい。この観点から、私は中間テストを廃止すべきではないと考えるのだ。

3 展開

4 結論

構成メモの段階で、全体の流れをシッカリつくる

右の模範答案と、そのもとになった構成メモ（七一ページ）を見くらべてほしい。構成メモの〝骨格〟に、具体例などを肉付けしていることがわかるだろう。よく、書いているうちに論点がズレてしまう人がいるが、構成メモさえしっかりつくってあれば防止できる。

この模範答案には、いろいろなテクニックが盛り込まれている。だが、この段階ではあまり気にしなくていい。このあとのステップで細かいテクニックを伝授していく予定だ。いまは、四部構成の大きな流れをつかむことに力を注いでほしい。そこで、構成メモを組み立てる練習をもう一題だけやっておこう。

例題13 難易度★

「ＥＵ統合による大ユーロ圏にならい、アジアでも通貨を統一し、人や資本が自由に移動できる統一経済圏をつくるべきだという声がある。賛成、反対の立場を明確にして、あなたの考えを述べなさい」という課題が与えられた。これに対して「反対」の立場から、つぎのアイデア・メモ*を作成した。これを整理して構成メモをつくりなさい。

●アイデア・メモ

・アジア経済圏
＊メリット→アメリカやＥＵに対抗。グローバル化の時代に合致。
＊デメリット→①各国の独自の文化が失われる。淋しい→反発が大→不可能。
②アジア内の経済格差をさらに広げてしまう。
なぜか？
→いまの時点での経済的実力の差が大きすぎる。
→日本や韓国に資本や人口が集中→一局集中化、過疎化。

* アイデアを練る段階で取るメモのことを、本書では構成メモと区別して「アイデア・メモ」と呼ぶことにする。

解説

この例題のポイントは、アイデアの取捨選択にある。アジアの統一経済圏に反対の立場を取るので、右のメモの「デメリット」が反対の根拠になる。

しかし、論点を深めるには二つを並列で書けない。①の「文化の独自性」も鋭い指摘だが、メモではあまり発展していないのでこっちを捨てたほうがいい。ちなみに、「メリット」であがっていることは、意見提示の「確かに……」のあとに使えるので活用したい。

解答例

1　アジアの統一経済圏をつくるべきか。
2　確かに、グローバル化に合致する。しかし、アジア内の経済格差が広がる。
3　①問題は、アジア内の国々の経済的実力の差が大きすぎることにある。
②一つの経済圏になれば、資本や人口は、実力のある日本や韓国に集中。
③その結果、アジア内での一局集中と過疎化が劇的に進行する。
4　したがって、アジア経済圏には反対。

Summary

ステップ6のまとめ

樋口式小論文では、何よりもアイデアを重視する。鋭いアイデアさえ出てくれれば、あとはそれを四部構成の〝型〟にあてはめて書くだけだ。
実際の答案は、四部構成の〝ミニチュア〟となる構成メモを作成し、それに肉付けをしながら書く。この一連の流れをおさえておこう。

Close Up!

小論文は、メモづくりで決まる！

1 アイデア・メモをつくる
①課題文の読解・命題づくり
②アイデアの掘り起こし
↓
2 構成メモをつくる
①アイデアの取捨選択
②四部構成の順に内容を整理
↓
3 答案を清書する
①下書きは書かない
②構成メモに肉付けしながら清書

■時間配分例
（90分800字の場合）

メモづくり 約30分
答案づくり 約60分

命題作成トレーニング1　いい命題の条件

命題のよしあしが、答案の質を決定する！

「いい命題」とは何か

「いい小論文」を書くには、「いい命題」が必要になる。では、「いい命題」とは具体的にどんな命題だろうか。さっそく例題をやってみよう。この例題の目的は、「よくない命題」とは何かを考え、そこから「いい命題」の条件を探ることにある。

例題14　難易度★

「コンピュータについて、あなたの考えを述べよ」という設問に対して、つぎのような命題を立てた。このうち、〝よくない命題〟をすべて選び、理由を述べよ。
①コンピュータは、進歩しているか。
②コンピュータは、人間を幸福にするか。
③コンピュータ教育は、小学生からはじめるべきか。
④コンピュータから出る電磁波は人体に有害か。
⑤コンピュータのOS*は「リナックス」にすべきか。

*【OS】

オペレーティング・システムの略で、コンピュータの操作環境を提供する基本ソフトのこと。

解答例
①、④、⑤
〔理由〕①進歩しているのはあまりにも自明で、反論の余地がない。
④高校生程度の知識では論じられない。専門家に任せるべき。
⑤特殊で瑣末《さまつ》すぎる命題。専門的すぎて万人に訴えるべき内容ではない。

《命題の三原則》を頭にたたき込め！

①は「反論の余地のない命題」で、こういう命題を立ててしまうと、「イエス」で書くしかなく、非常にありきたりでつまらない答案になる。④や⑤がよくない命題だということは、直感的にもわかってもらえるだろう。ここから、つぎのような原則を導ける。

《命題の三原則》
一、普遍性・社会性を備えているものが「いい命題」だ
↓（瑣末《さまつ》な問題、狭い領域の〝特殊な命題〟は立てるな！）
二、イエス・ノーの両方の立場から論じられるのが「いい命題」だ
↓（どうやっても反論できない自明の命題は立てるな！）
三、自分の知識力の範囲で答えられるのが「いい命題」だ
↓（知識の限界を越える〝手に負えない命題〟を立てるな！）

《命題の三原則》によるチェック

では、例題14の②、③の命題は「いい命題」と言えるのだろうか。さきの《命題の三原則》に照らして、さっそくチェックしてみよう。

まず、③の「コンピュータ教育は小学生からはじめるべきか」だが、これはなんとなくいい命題だと思った人も多いはずだ。実際にいい命題なのだが、《命題の三原則》をクリアしているかどうかを検証してみる。
一、コンピュータの早期教育に関する議論は、新聞でも見かける（社会性をクリア）。
二、たとえばイエスの立場では「情報化社会に必要な人材の育成」、ノーの立場では「人間的接触を奪い、情緒面の発達にマイナス」などの観点で論じられる（クリア）。
三、いずれの立場でも、高校生程度の知識で十分に書ける（クリア）。
たしかに、すべての条件を満たしている。よって「いい命題」だ。

イエス・ノーの両方の立場から考えてみる

②の「コンピュータは人間を幸福にするか」はどうだろうか。「命題の三原則」の一、三はクリアできそうだが、問題は二の条件だ。つまり、これが「自明すぎる命題」かどうかということだ。人によっては、そう思えるかもしれない。「イエスにきまっている」と。しかし、そうでもないということを、つぎの例題で実際に確かめてほしい。

例題15　難易度★★

「コンピュータは、人間を幸福にするか」という命題に対し、イエス、ノー両方の立場からどういうことが主張できるかを考えたい。コンピュータが人間に及ぼすいい面、悪い面について、それぞれ思いついたことを列挙しなさい。

アラ探しが得意な〝イヤな奴〟の視点を持て！

例題15は、ノートに「いい面」、「悪い面」と分けて書き、思いついたことを箇条書きで列挙してほしい。これは、命題を立てるときや、立てた命題に対してイエス・ノーの態度を決めるときに役に立つ実戦的なノウハウの一つだ。そしてここでは、知識だけでなく連想力や想像力も必要になってくる。

この例題をやってみて、「いい面」はたくさん思いつくのに、「悪い面」がほとんど思いつかないという人がいるかもしれない。あるいは、「悪い面」はいくつか思いついたが、つぎのページで示す解答例に近いものが一つもないという人がいるかもしれない。

こういう人は、よく解釈すれば〝素直で前向きな性格〟なのだが、悪い言い方をすると、明らかに知識不足、想像力不足だ。「悪い面」を思いつかなければ、当然、いい面だけを強調することになる。そうなると、ありきたりで深みのない答案になる可能性が高い。

いいアイデアを得るには、アラ探しが得意な〝ちょっとイヤな奴〟の視点も必要だ。その目で「悪い面」をたくさんあげてほしい、というのがこの例題のねらいだ。

解答例

①〔いい面〕
a　インターネットで世界中の人とコミュニケートできる。
b　家で買い物やチケットの予約などができ、生活が便利になる。
c　ホームページで、自分の作品や意見などを自由に発表できる。
d　学問や研究が飛躍的に進歩する。
e　情報産業の巨大な市場ができ、経済が活発になる。　……など。
②〔悪い面〕
f　人間がコンピュータに管理される管理社会になる。
g　コンピュータのつくる仮想現実は、人間から現実感や罪悪感を奪う。
h　高齢者などコンピュータを扱えない人が、社会から疎外される。
i　人と人とのコミュニケーションが減少し、人間の孤独感が深まる。
j　国家や経済の機能をマヒさせるインターネット犯罪が増える。
k　コンピュータを使える国と使えない国の差が広がる。　…など。

イエス、ノーの立場はすぐに決めるな！

この例題は、「いい小論文」を書くためのもう一つの重要なノウハウを提供する。それは、イエスかノーかの立場をすぐに決めるな、ということだ。たとえば、「コンピュータは役に立つ。だからイエスだ」と即断して書くと、まずみんなと同じような平凡な答案しか書けない。

そこで、両方の立場で言えそうなことを、思いつきでいいからどんどんメモする。列挙したものを見渡して、「鋭い意見」になりそうなものを探す。これで書けそうだとなったら、その思いつきを深めてさらにメモをとる……。これが、「いい小論文」「鋭い小論文」を書くために欠かせないメモづくりのノウハウだ。

鋭い意見は、少数派の「ノー」の側から見つけやすい

では、実際にそれをやってもらおう。つぎは例題15のつづきと考えてほしい。

例題16 難易度★

八〇ページの解答例では、コンピュータの「いい面」「悪い面」について思いついたことが列挙されている。これを見て、イエス・ノーのどちらの立場のほうがおもしろく鋭い答案が書けそうかを判断しなさい。

解説

列挙した思いつきのうちどれが鋭いかは、感じ方によっても、出てきた思いつきによってもちがう。しかし、一般的には、「あたりまえでない側」＝〝少数側〟〝ノーの側〟から鋭い意見が出てくることが多い。
八〇ページの解答例の「いい面」と「悪い面」をくらべてほしい。どちらに鋭い意見があると思うだろうか。私なら「悪い面」すなわち「ノー」の側だ。
たとえば、iの思いつきを深めて、「コンピュータは人と人との関係を希薄にする。それは、

従来の人間的な共同体の解体をもたらし、人間が社会から疎外される」という意見を組み立てて、命題に「ノー」を言うこともできる。gやhの思いつきからも、なかなか鋭いものが書けそうな気がする。

タネを明かすと、じつはそう思ってもらいたいために、「いい面」の解答例には意図的に〝ありきたりな思いつき〟を列挙しておいたのだ。つまり、「ノーの立場のほうが、鋭い答案を書けそう」と思ってもらうために、ちょっと小細工をした。

誤解しないでほしいが、「いい面」からも、鋭い意見は出せる。たとえば、「コンピュータは近代的な『人間』を解体し、より自由で流動的な超個人主義を創造する」（A）などと書ければ十分に鋭い。「イエス」の方向で鋭い答案を書くことも、当然できるのだ。

ただ、そのためには知識を必要とするのも事実だ。実際、二行前の意見（A）を読んでも意味がよくわからない人もいるだろう。そういう人は、あまり背伸びをすべきでない。とりあえず少ない知識で手っとり早く「鋭い小論文」を書くには、〝少数派〟の立場でありきたりなことに「ノー」を言ってみることだ。

「鋭い意見」と非常識をシッカリ区別する

命題に「ノー」と言う場合に、注意しなければならないことがある。常識や一般通念に「ノー」を言おうとする場合、それが極論、暴論になってしまうケースもあるからだ。そうなると、人格や人間性を疑われ、学部によっては一発で不合格を食らってしまう。つぎの例題で確認してみよう。

例題17 難易度★

つぎの(1)〜(6)の意見は、小論文の答案としてどう評価すればいいか。「鋭い意見」に○、「ありきたりな意見」に△、「書いてはいけない暴論・極論」に×をそれぞれつけよ。×については、なぜ書くべきでないのかの理由も簡単に答えよ。
(1) 戦争は悪だとはいえ、世界の人口問題の解決に役立っている点は評価すべきだ。
(2) 「知る権利」の拡充のため、もっと積極的に情報公開を推進すべきだ。
(3) 臓器の売買を国が認めて臓器移植を推進し、移植技術を向上させるべきだ。
(4) 痴呆《ちほう》症や寝たきり老人の問題は、安楽死を認めることで解決できる。
(5) 証拠もない従軍《じゅうぐん》慰《い》安《あん》婦《ふ》の問題で、日本が近隣諸国に謝罪すべき理由はない。
(6) ナチスもオウム真理教も、じつは民主主義が産み落としたものだ。

よくわからない人は、つぎの《書いてはいけない！》を参考にして答えてほしい。

《書いてはいけない！》

一　**人権をふみにじる意見は厳禁！**（差別容認、社会的弱者の軽視は絶対ダメ）
二　**人命軽視・殺人容認・戦争肯定は厳禁！**（とくに医学部・法学部は注意）
三　**環境破壊の容認・学問の否定は厳禁！**（とくに工学部、教育学部は注意）
四　**民主社会否定・暴力肯定・法体系無視は厳禁！**（とくに法学部は注意）
五　**宗教・思想上の過激な主張は厳禁！**（とくに医学部・法学部は注意）

解答例

(1) × 〔理由〕戦争肯定や殺人容認は、非人道的で人格を疑われる。
(2) △ 〔情報公開に「ノー」の立場のほうが、鋭い意見が出やすい〕
(3) × 〔理由〕人命軽視や機能主義は、人間性を疑われる。医学部では絶対ダメ。
(4) × 〔理由〕人命軽視、非人間的な主張。
(5) × 〔理由〕右翼的思想は大学入試では嫌われる。決めつけすぎ。
(6) ○ 〔民主主義を否定しているわけではない。非常に鋭いことを言っている〕*

＊ たとえばナチ党は民衆の圧倒的な支持を受けて選挙で躍進した。オウム真理教も、民主主義が保障する思想・信教の自由の中で活動を先鋭化させていった。

学部によってちがうアピール・ポイント

さて、「鋭い意見」と「暴論・極論」の区別ができただろうか。本人だけが鋭いと思っていて、じつは暴論になっているということはよくある。だが、鋭そうに見えても、**人格や人間性が疑われることは、絶対に書いてはいけない**のだ。それを判断するには、やはり知識や常識が必要になる。前ページの《書いてはいけない!》を肝《きも》に銘《めい》じてほしい。

小論文の試験で「書いてはいけないこと」を判断するのは、そうむずかしいことではない。よっぽど極端な性格の人でない限り、そのくらいの判断力はあるはずだ。

しかし、その気はないのに、読む側に誤解されてしまうこともある。これは、表現力不足や説明不足によることが多い。だから、ちょっと微妙な問題を扱うときは、とくに神経をつかって書くことを心がけてほしい。学部別に、すこし細かい注意を与えておこう。

学部別

アピール・ポイントと禁句
ここに気をつけて答案を書け！

医学部

医学部小論文の三悪は、生命軽視・差別・機能主義

医学と人間、医学と社会をどう調和させるかがテーマとなる。ここでは、生命の軽視や弱者差別、機能主義（技術偏重、効率優先）はもっとも嫌われる。

「〜に決まっている」のような一方的な決めつけも禁句。臓器移植、延命治療、ガン告知などの問題点は何か、そこにどんな社会的背景、対立軸があるのかを把握しておき、そのうえで慎重な態度で結論を出す姿勢が大切だ。

鋭さをアピールするなら、どんな課題が出たときにも、「インフォームド・コンセント」の視点から考えてみるといい。患者側の立場、心情を頭に置いて書くのだ。

〔禁句例〕自分の意思で生きられなくなった人間は生きる価値がない／薬偏重の医療は薬を欲しがる患者に問題がある

法学部

教条主義はＮＧ！人権重視の発想を貫く

法学部では、差別肯定がいちばん嫌われる。民主主義の理念の否定もタブーだ。たとえば、「自由と平等は両立できっこない」などという決めつけもまずい。

意外に気づかないでやってしまうのは、「法律で決まっているからダメ」という教条主義的な書き方だ。その法律が「いいのか悪いのか」にまで踏み込んで考えられない人は、法学部には求められない。

鋭さをアピールするには、「すべての問題が人権にかかわっている」という人権重視の発想で考えてみるといい。

また、「法はその時代、その時代の正義を規定する」という認識を持っていると、ここからいいアイデアが出てきそうだ。

〔禁句例〕それは法律に反するので認めるべきでない／従軍慰安婦は証拠のないでっち上げだ（などの一方的決めつけ）

教育学部

人権や個性を認め、教育の目的を考えておく

差別を匂わす発言は絶対にダメ（これは、どの学部でも共通の鉄則なので、以後は書かない）。それと体罰の肯定も書くべきでない（暴力肯定になる）。

個性のあからさまな否定もよくない。ただ、個性を認める姿勢を見せれば、ある程度は自由に書ける。たとえば「個性を重視することはもちろん大事だ。しかし、それが行き過ぎてなんでも自由にさせると、学級崩壊のようなことが起こりかねない」という慎重ない回しで論じればいい。

教育制度を批判してはいけないと思っ

ている人がいるが、これは誤解だ。教育制度をどうすべきか、どう変えるべきかを考えるのが教育学部の存在意義なのだ。

この学部では、「教育の目的とは何か、どういう理念が望ましいか」を、まえもって考えておくことがポイントだ。


〔禁句例〕規律を教えるにはやはり体罰も必要だ／半人前の子どもが人権を主張するのはおかしい

文学部

ありきたりは好まれない！目のつけどころで勝負！

文学部では、差別的発言はもちろんダメだが、そのほかは、かなり自由に書くことが許される。

文学部では、人が気づかないような視点から切り込むのがいちばんアピール度が高い。それと、具体的に書くのも意外に好まれる。たとえば独自の視点で、人間の心理を描写してみるのもおもしろい。

これは知人から聞いた話だ。立教・文学部の小論文で、老人の心情をリアルに描いた答案が学部内で絶賛され話題になった。こんなすごい答案を書いたのはどんな学生かと教授連中が注目していたら、なんと六〇歳を過ぎた本当のお年寄りだったという実話がある。

政・経・商学部

国際的視野が必要！建設的な批判は歓迎

国際化やグローバル化の否定は好ましくない。ただ、だからといって自由貿易や自由な市場経済を批判してはいけない、というわけではない。自由貿易や自由経済にも問題点があることを書けば、逆に、視野の広さをアピールできる。

鋭さを出すには、「こうすることが世界のためになる」という視点を持つといい。たとえば、規制緩和にノーと言うのでも、日本の都合だけを主張するのではなく、発展途上にあるアジア全体のためにも規制が必要だなど、より大きな視野で論じられれば鋭い。

あとは、テーマの背後にある大きな対立軸をふまえ、「問題点がどこにあるのかわかっている」ということを示すことも大切なアピール・ポイントだ。


〔禁句例〕日本人が失業しているのに外国人労働者を受け入れるのはおかしい

工学部・理学部

科学の全否定はダメ、安直な科学礼賛も好まれない

科学や科学技術の全面的な否定は、学部の存在自体を否定することになるので書けない。逆に、手放しで科学や技術をほめちぎる安易な技術信奉・科学礼賛も、底の浅さを露呈するだけなので注意。

鋭さをアピールするには、科学や技術が人類にもたらした功と罪の二面性をおさえながら書く。また、たとえば「科学の暴走を監視するための情報公開」のように、社会と科学が調和的に発展するための方法や対策などを書いてみるのもいいだろう。


〔禁句例〕科学技術を捨てて昔に戻るべきだ／科学は客観的で間違えない

情報学部系

コンピュータと人間との調和の可能性を否定しない

情報学部系では、当然のことだが、コンピュータや情報化社会を肯定的にとらえたほうがいい。ただし、情報化社会やコンピュータ・ネットワークのマイナス面をふまえて書かないと深みが出ない。

コンピュータの発達によって、従来の人間や社会、国家が具体的にどう変わっていくのかを、ポジティブに提示できれば鋭い答案になる。個人主義、民主主義などに関する知識を持っていると役に立つ。

〔禁句例〕インターネットは、情報産業をもうけさせるだけで大衆に利益はない

人間科学系

人間と科学を具体的にどう融合させるかを書く

人間系の学部が目指すテーマをひと言でいうと、「人間と科学をいかに融合させるか」ということだ。したがって、非人間的な科学の肯定や、人間性を無視した効率優先の主張を書いてはいけない。

とりあえずどんな課題が出ても、「人間らしい生き方と科学」というテーマで一度は考えてみる。といっても、むずかしく書こうとする必要はない。「人間らしさ」や「人間の豊かさ」という抽象的なテーマを、いかに具体的なレベルに引き寄せて論じられるかがポイントだ。

〔禁句例〕優秀な人間の遺伝子を使ってクローン人間の研究をすすめるべきだ

生活学部（家政科）

働く女性の権利に配慮！豊かなライフスタイルを提示

生活学部は、基本的には「豊かな生活」とは何かを問いかけ、衣食住を基本とする「身の丈」に合ったライフスタイルを考える。鋭さをアピールする必要はなく、逆に「よい子」であることを見せることが、他学部に比べてより必要だ。物質主義に偏らず、自分で自分の生活をつくっていく姿勢を見せるのが好ましい。

「老人介護」や「女性の権利」の問題が出たときは、介護する人や働く女性の権利にも十分配慮して書いてほしい。

〔禁句例〕お年寄りの介護は、家庭を守る女性の仕事だ

福祉・医療学科

「福祉の充実」を機械的、機能的に考えてはダメ！

福祉をいかに充実させるかというテーマで問われることが多い。病人や高齢者、障害者のように、社会的に弱者の立場に置かれている人たちをひとくくりにせず、それぞれが自分らしい人生を送れるように手助けするという視点が大切だ。

その点から、福祉を機械的に充実させればいいという考え方はよくない。「手の届く福祉」というテーマでふだんからいろいろ考えておきたい。

〔禁句例〕立派な老人ホームをたくさん建てれば老人も幸せになれる

《社会的背景》に鋭く迫る命題を立てろ!

キーワードが二つの場合の命題づくり

「命題づくり」に話を戻して、トレーニングを続けよう。課題文がある場合の命題の立て方については、4章で述べることにする。ここでは、自分で命題を立てる必要のあるケースについて、そのノウハウを示していきたい。

例題18 難易度 ★★

つぎの(1)～(3)のテーマで自由に論じる課題が出された。それぞれについての命題をつくりなさい。

(1) 科学者と社会
(2) 協調性と決断力*
(3) 現代社会と個人主義

* 出典は信州大学医学部。

解説

キーワードとなるものが二つ示される課題は、実際の試験でもよく出る。この場合、「なぜ、この課題が出されたのか。出題者は何を書かせたいのか」と考えてみる。適当に辞書から言葉を引っぱって課題をつくった、ということはあり得ない。こうした課題の背後には、社会的な問題、現代的なテーマがある、と考えなければならないのだ。

そのうえで、二つの語句の関係を考えてみる。この場合、「**対立関係**」を軸に考えるのが早道だ。たとえば科学者と社会なら、核兵器やクローン人間のようなものを思い浮かべてほしい。科学者は純粋に「真理」を探究する。その結果、社会を脅かす〝怪物〟が生まれてくる。ここにある対立・緊張関係から、両者をつなぐ命題が見えてくるだろう。

また、**具体的な場面や状況を思い浮かべてみる**ことも大切だ。たとえば(2)のような抽象的なテーマの場合、命題の立て方によっては一般論、抽象論しか書けなくなる危険がある。こういうときには、具体的な次元に引きつけて命題をつくると論じやすい。

解答例

(1)
①科学者は、社会と無関係に純粋に「真理」を探究すべきか。
②科学者は、自分の研究に対して社会的責任を負うべきか。
③科学者の自由な研究を、社会は規制すべきか。

(2)
①日本人は協調性よりも決断力を重視すべきか。
②○○（医者、政治家…など）の資質として必要なのは、協調性よりも決断力か。
③協調性の重視は決断力を鈍らせるか。

(3)
①個人主義の浸透は、現代社会にとって好ましいか。
②個人主義は、現代社会のコミュニティを破壊するか。
③現代社会にとって個人主義は必要か。

解説

ここにあげた解答例以外にも、まだまだ命題はつくれる。解答例にはない命題を思いついた人も多いだろう。自分が考えた命題を自己評価するときには、「その命題に論じる価値があるかどうか」をチェックしてほしい。大切なのは、「社会性のある命題かどうか」ということだ。その観点から、よくない命題例＝ＮＧ解答例をあげておこう。

ＮＧ解答例（よくない命題例）

(1)
①科学者は社会にとって必要か。（→必要なのはあたりまえ。発展性がない）
②科学者は社会の敵か。（→極端すぎる命題。敵であるわけがない）
③科学者は社会人か。（→意味不明。自分だけが納得して人に伝わらない）
(2)
①決断力も協調性も大事か。（→大事です、としか答えようがない）
②協調性のない人は、決断力をつけるべきか。（→意味不明）
(3)
①個人主義と現代社会は関係があるか。（→関係があるという前提の設問）
②現代社会に個人主義は存在していない。（→命題を否定してはダメ）

キーワードが一つの場合の命題づくり

つぎの例題は、キーワードとなる語句が一つしかない場合の命題作成トレーニングだ。じつは、こちらのほうが、キーワードが二つある場合よりもむずかしい。何を焦点にしていいかわからないからだ。
論より証拠で、つぎの例題をやってみよう。

例題19 難易度★★

つぎの(1)〜(3)のテーマで自由に論じる課題が出された。それぞれ、イエス・ノーで答えられる命題をつくりなさい。
(1)　携帯電話
(2)　ボランティア
(3)　国際交流

解説

このようなテーマが与えられたとき、大学・学部によっては、本当に自由に、つまり作文のように書くことを求められることもある。* ただし、その場合は『流れ』とか『壁』のような、抽象的で詩的な題や『私の高校生活』など、いかにも作文的な題が与えられることが多い。ここでは、このような自由作文は除外して考えることにする。

キーワードが一つしかないときにも、まずは、その語句がなぜ課題にされたのかを、社会的な視野でさぐることからはじめる。たとえば、携帯電話をめぐって、いま何が問題になっているのか。ボランティアの問題点は何か、などを考えるのだ。

さらに、焦点をしぼるために、**もう一つ別の語句を持ってきて、「○○と××」のような形にして考える**のもテクニックだ。たとえば、「携帯電話と電車」「ボランティアと教育」のような思いつきやすいものでいい。ここから、「携帯電話を公的な場所で使用するときのルールは必要か」「学校教育でのボランティアの指導は、自発性を摘み取ることにならないか」などの命題を思いつくことができるだろう。

いろいろ試しながら考えてほしい。

* 芸術学部や文学部、短大・女子大などで多いが、医学部や教育学部などでも出ることがある。

解答例

(1) ① 電車内など公的な場所での携帯電話の使用は好ましいか。
② 携帯電話は、人間のコミュニケーションを阻害するか。
③ 携帯電話などの普及は、子供の発達に悪い影響を与えるか。
(2) ① ボランティア活動を学校の内申書で評価すべきか。
② ボランティア活動では、報酬をもらってはいけないか。
③ ボランティア活動が「無償の強制労働」になる危険はないか。
④ ボランティアの動機は、純粋に利他的なものでなければならないか。
(3) ① 国際交流で異文化を理解しあうことは可能か。
② 英語が話せないと、国際交流はできないか。
③ 相手と良好な関係をつくることが国際交流の目的か。
④ 国際交流に必要な資金は、政府が支出すべきか。

NG解答例（よくない解答例）

① 携帯電話は便利か。（→「ノー」で鋭い意見を出せるなら良いが、普通はダメ）
② 携帯電話の着信ベルは迷惑か。（→具体的すぎる。解答例の(1)①の形にすべき）
③ ボランティアは良い行為か。（→ボランティア自体を悪いという人はいない）
④ ボランティアをすべきか。（→何を言いたいのかわからない）
⑤ 国際交流を活発に行うべきか。（→抽象的すぎる。「北朝鮮と…」などの工夫を）
⑥ 国際交流では何が大切か。（→イエス、ノーで答えられない。焦点が拡散する）

論じにくそうな命題が与えられている場合

小論文の課題には、自分で命題を立てる必要がないものもある。つまり、すでに設問のなかで命題が示されている場合だ。これはラクでいい、と思うかもしれない。だが、さて何を書けばいいのかとなると、困ることもある。たとえば、こういう課題だ。

〔課題〕つぎの意見について思うことを五〇〇字程度で述べよ。*

「他者に危害を及ぼさないかぎり自由は享《きょう》受《じゅ》される」

この課題は、確かに命題の形になっている。「他人に危害を及ぼさないかぎり自由は享受される」という意見に対して、イエスかノーかを示せばいいのだ。しかし、このままではちょっと書きにくい。こういうときは、具体的な状況を思い浮かべるなり、焦点をもうすこし絞り込むなりして、論じやすくなるように考えたほうがいい。どういう方向で考えればいいかを示したのが、つぎの例題だ。

* 東京都立大（人文）で出題。

例題20 難易度★★

「他者に危害を及ぼさないかぎり自由は享受される」という命題がある。これについて、つぎの問いに答えなさい。
(1) この意見から連想する具体的な状況、事例など、思いついたことを書け。
(2) この命題の背景にある二つの対立する理念をとらえ、「［ア］と［イ］のどちらが優先されるべきか」という命題に変形せよ。

解答例

(1)　①自分の家で楽器の練習をするのは自由だが、周囲の住民は迷惑している。
②アメリカのように、自衛のためにピストルを所持する自由を認める社会。
③援助交際をしている女子中高生の弁、「だれにも迷惑かけてないじゃん」。
(2)　ア　個人の自由（自由、個人、私など）　イ　公共性（集団、公、道徳など）

「自由に述べよ」のウラにある制約を見逃すな！

論じにくそうな命題の場合は、この例題の設問(1)のように具体的な事例を考えると、何が問われているのかが見えやすくなる。そのうえで、(2)のように、背後にある〝対立軸〟（二つの対立的な理念）を取り出して、「AとBのどちらが重要か」という形の命題に変形してみる。こうすると、さらに答えやすくなる。

この例題もそうだが、課題文がない試験の場合、一見、自由に書けそうに思える。しかし、出題者は、ある社会的な問題点や論点を想定している場合が多い。それを見抜けるかどうかが大きなポイントだ。そのためには、やはり社会的な知識が必要になる。

したがって、課題文がない試験の場合でも、じつは、こちらが考えているほど自由に命題は立てられない。ある範囲内で〝正解の命題〟が存在していると見なしたほうがいい。

命題を立てるときは、そのあたりをよく見極めることが肝要だ。背後にある〝対立軸〟を抜き出して、「AとBのどちらが優先されるべきか」のような命題に変形するテクニックをぜひ身につけてほしい。

Summary

ステップ8のまとめ

このステップでは、課題文がない場合の命題の立て方についていろいろ見てきた。いずれの場合でも、まず、「出題者が何を問題にしようとしているのか」を考えることが基本だ。

そのうえで、キーワードが二つの場合は、二つの言葉の〝関係〟を考え、それを結びつけるような命題を立てる。キーワードが一つしかないときにも、もう一つ別のキーワードを持ってきて、同じように両者の〝関係〟をつなぐ命題を立てる。

さらに、論じにくそうな命題が与えられているときには、具体例を思い浮かべながら、背景にある〝対立軸〟を抜き出して命題を変形する。

ここであげたような〝テクニック〟は、言い換えると「社会的な視野で考える」ということでもある。つまり、七七ページの《命題の三原則》であげた「社会性のある命題」を立てるために、欠かせないテクニックなのだ。

Close Up!

樋口流・命題づくりのノウハウ

1 キーワードが1つの場合…《例》「科学」
→べつの語句を持ってきて「○○と××」の形に！
《例》「科学と人間」⇨「科学は人間を幸福にするか」

2 キーワードが2つの場合…《例》「心と身体」
→2つの語句の“対立関係”に注目して命題化
《例》「心と身体は結びついているか」

3 抽象的で論じにくい命題…《例》「競争原理」
①具体例を思い浮かべる…《例》「学校教育」
②「○○と××のどちらを重視すべきか」に変形
《例》「競争よりもゆとりが必要か」

Step 9

切れ味鋭い「意見提示」を書くコツ

意見提示トレーニング ●正しい意見提示の方法

意見提示の〝取り扱い〟に注意！

第一段落の「問題提起」は、カメラでいうと〝被写体の決定〟、第二段落の「意見提示」は〝ピント合わせ〟に相当する。そして、「意見提示」で用いる「確かに……、しかし……」の形式は〝オート・フォーカス〟のようなもので、これにより自動的に焦点が定まる。
ただ、そうはいっても、扱い方を間違えるとピンボケになる。ときには何も写っていない写真がとれてしまうことがある。だが、原因のほとんどは基本的な〝操作ミス〟だ。

例題21 難易度★

つぎの文は、「夫婦別姓《べっせい》*は好ましいか」という命題に対して「イエス」（好ましい）の立場で書いた答案の第二段落「意見提示」である。あとの問いに答えなさい。

確かに、夫婦というのはもともと他人同士で、お互いの価値観がちがうのはむしろ自然なことである。しかし、夫婦の関係や家族制度のあり方は固定的なものではない。個人主義が浸透しつつある日本では、夫婦別姓へ移行するのは自然の流れだ。

*【夫婦別姓】結婚後の女性が夫の姓ではなく、本来の自分の姓を名乗ること。

〈問い〉この文は、「意見提示」のつくり方としておかしい点がある。①なぜおかしいのかを指摘し、②その部分をそっくり別の文章に書き直しなさい。

解説
例題の文章は、なんとなく〝もっともらしい〟ことが書いてある。サラッと読んでしまうと、どこがおかしいのかわからないかもしれない。だが、「意見提示」の基本に立ち返ってほしい。「確かに」のあとの文に問題がある。

「確かにA、しかしB」のAとBは正反対の意見

例題では、「確かに」のあとに「夫婦の価値観がちがうのは自然」と書いているが、これは夫婦別姓にイエスでもノーでもない。ここがよくないのだ。本来なら、ここには書き手と反対の意見（つまり夫婦別姓に反対する立場）を書かなければならない。
きみが「Aだ」と主張したいときは、「確かに反Aだ」と、Aと反対の意見を述べてから、「しかしAだ」と切り返す。この基本をしっかり頭にたたき込もう。

解答例
①「確かに」のあとに、反対意見が述べられていない。
②確かに、
夫婦別姓には、夫婦や家族の絆《きずな》をこわすという面もある。
夫婦同姓の伝統的な家族制度にも、美点があることは認める。
夫婦別姓は、子供にどう説明すればいいかなど、いろいろ問題も多い。

Step9　意見提示の方法

例題22 難易度 ★★

つぎの文は、「テレビの暴力表現や性表現などを法律で規制すべきか」という命題にノーの立場で書いた「意見提示」である。よくない点を二つ指摘せよ。

確かに、ドラマなど最近の娯楽番組には、露骨《ろこつ》な性表現や暴力肯定とも受け取れる表現が氾濫している。青少年への悪影響を考えると明らかに法規制すべきだ。しかし、そういう番組を観る人のモラルに問題がある。テレビは観たい人だけが観て、観たくない人は観なければいいのだから、責任は観る人が負うべきである。

「確かに」のあとは、断定調で言い切るな！

「意見提示」の「確かに」のあとは、書き手の立場と反対の意見を出すところだ。しかし、ここを強い断定調で書くと、それが筆者の立場だと思われてしまうのでまずい。

たとえばこの例題では、「確かに」のあとの一文、「青少年への影響を考えると明らかに法規制すべきだ」が問題の箇所で、この部分を読むと、この人の意見は「規制すべきだ」ということになってしまう。こういう場合は、「……を考えると法規制すべきなのかもしれない」などと、**遠回しな表現を使って断定を避ける**ようにするのがセオリーだ。

もう一つの問題点は、「しかし」のあとの内容にある。「個人のモラルの問題だ」というように、**問題の所在を道徳に帰するのは、小論文では好ましくない**。これでは、「一人一人の心がけで良い社会をつくろう」と書く道徳的な作文と同じレベルに堕《お》ちてしまう。

この例題では、「表現の自由と公共の秩序のどちらを優先すべきか」という社会的な〝対立軸〟を頭に描いて書くのが正攻法だ。

解答例

①「確かに」のあとの文が断定調で、全体として命題にイエスの立場になってしまう。
②問題の所在を個人の心やモラルに帰する意見は、小論文ではふさわしくない。

〝あとで困らない〟ような意見提示を！

例題23 難易度★

「東京都内の慢性的な交通渋滞を解消するために、都心を通過する車から一定の通行税を徴収すべきだ」という意見がある。これに対して「イエス」の立場から書いたのが、つぎの意見提示である。①よくない点があれば指摘し、②改善策を示せ。

確かに、通行税の徴収には問題が多い。たとえば、それによって都心を迂回《うかい》する車が増加し、周辺での渋滞や環境悪化が懸念される。立地的に見ると、都心周辺は東京のベッドタウンとしてたくさんの都民が生活する住空間であり、大量の車が通過することを想定した街づくりになっていない。渋滞や排気ガスが周辺住民に与える被害の大きさは、想像をはるかに越えるものとなるだろう。しかし、それでも私は、通行税を取るべきだと考える。それは、都心は政治や文化などの中心地であるからだ。首都機能を健全に働かせるためには、通行税の導入もやむをえないと考える。

解答例
①「確かに」のあとの反対意見に説得力がありすぎるため、「しかし」のあとに展開する自分の意見が貧弱に見えてしまう。
②「確かに」のあとには、説得力のありすぎる反対意見を書かない／「イエス」の立場を捨てて、「ノー」の立場で書き直す。

説得力の〝ありすぎる〟反対意見は、自分の首を締める

この例題は、反対意見を書きすぎて、自分の首を締めてしまった典型例だ。もちろん、その反対意見を屈伏させるような鋭い意見があれば問題はない。しかし、ここで書こうとしている〝首都機能優先論〟では、ちょっと勝ち目は薄い。

そうならないように、「確かに」のあとの反対意見は〝書きすぎず〟を心がける。たとえばこの場合なら、「確かに、通行税の徴収で都心の渋滞が緩和されても、周辺部で新たな渋滞が引き起こされるだけだという意見もある。そのときには、むしろ都市問題を周辺まで拡大することになってしまうだろう」などとサラリと書くのだ。

あるいは、勝てないと思ったら、あっさり〝転向〟してしまうのが手っとり早い。この例題で言うと、「通行税導入に反対」の立場に寝がえるのだ。これなら、「確かに」と「しかし」のあとに書いたことを、そっくり入れ換えればすむ。

もっとも、そういう〝その場しのぎ的〟なことをしないですむように、課題が与えられたら、メモを取りながらじっくりと考え、全体の構成が決まってから書きはじめることだ。

例題24 難易度★

「日本の選挙における投票率低下に歯止めをかけるため、罰則規定を設けた義務投票制度を導入すべきだ」という意見がある。つぎの文は、この意見（命題）に対してノーの立場で書いた「意見提示」の段落である。よくない点があれば指摘せよ。

確かに、投票率の低下は、「民意の反映」という民主主義の精神を揺るがしかねない。したがって、義務投票制の導入で歯止めをかけるべきかもしれない。しかし、問題の根っこには、国民の政治に対する根強い不信感がある。投票率の低下は有権者の不満の表明であり、棄権も一種の意思表示と考えるべきである。永田町の密室政治、業界団体と政治家の癒着《ゆちゃく》、国民には理解不能な政党の離合集散《りごうしゅうさん》*など、どれをとっても、国民が政治に期待できる状況にないのは明らかだ。義務投票制にしたところで、結局は白票《はくひょう》**が増えるだけだ。これでは、問題の本質的な解決にはつながらない。

*【離合集散】くっついたり離れたりすること。
**【白票】何も書いていない白紙の投票用紙。

解説

この意見提示はかなり良い。「しかし」のあとには、説得力のある意見が提示されている。だが、ここに落とし穴がある。例題23とは逆のパターンだ。

「しかし」のあとの書きすぎも、自分の首を締める

小論文の最大の見せ場は、第三段落の「展開」だ。ここで、ポンと鋭い意見を出して、採点者をうーむとうならせる。それが樋口式・四部構成の〝戦略〟なのだ。そのためには「意見提

示」であまり書きすぎず、立場をほのめかす程度にとどめるのがテクニックだ。

例題24の場合、もちろん、強力な〝隠し玉〟を持っていて、このあとの段落でさらに力強く説得力のある論を展開できるならいい。しかし、そうでなければ、このあとの「展開」部で書くことがなくなってしまう。

解答例

「しかし」のあとを書きすぎて、展開で書くことがなくなってしまう心配がある。

「意見提示」では、〝手の内〟をすべて見せるな！

では、例題24の場合はどうすればいいか。「しかし」のあとは、こんな感じで控えめに「ノー」の立場をほのめかしておけばいい。

「……しかし、義務投票制の導入で数字上の投票率を上げても、それが『民意の健全な反映』を意味するとは思えない」。

命題にハッキリ「ノー」と言わなくても、こう書いてあれば「ノー」の立場であることが相手に伝わる。同時に「え、それはどうしてかな？」と、つぎの「展開」への興味や期待を抱かせることになる。これが意見提示での〝ほのめかし〟のテクニックだ。

そして、第三段落「展開」の冒頭で、「問題の根っこには、国民の政治に対する不信感がある」とズバリと言い切る。ここを切り口に一気に攻勢をかけて見せ場をつくる。

試験で受験生がいちばん困るのは、答案の真ん中くらいまできて、ついに書くことがなくなってしまうことだ。それを避けるために、「意見提示」では書きすぎないことを心がける。

Summary ステップ9のまとめ

ここまで述べてきた「意見提示」の注意点をもう一度確認しておこう。

まず、いちばん大切なのが、「確かに〔A〕、しかし〔B〕」のAとBをお互いに対立する意見にするということだ。命題にイエスなら、Bがイエス、Aがノーの立場の意見、命題にノーの場合は、逆にBがノーでAがイエスの側からの意見を書く。

さらに、意見提示では〝書きすぎ〟が自分の首を締めるもとになる。「確かに」のあとの書きすぎは、自分が言おうとする意見の説得力を弱める。「しかし」のあとの書きすぎは、「展開」で書くことがなくなってしまうおそれがある。

いずれにしろ、「意見提示」は、命題を受けて自分の立場をほのめかし、つぎの「展開」へスムーズにつなげるのが本来の役割だ。これをしっかり頭に入れておこう。

Close Up! 「意見提示」ではココに注意！

確かに〔A〕。

しかし〔B〕。

〔B〕が自分の立場・主張。
〔A〕はその反対意見。

①「確かに」のあとの強い断定は避ける
②「確かに」のあとに、説得力のありすぎる意見は書くな
③「しかし」のあとは書きすぎず、立場をほのめかす程度にとどめる

Step 10

この〝型〟で、〝展開力〟二〇〇％アップ！

書き出しや構成で悩まずにすむ展開の〝型〟

第三段落の「展開」は、いろいろな書き方がある。しっかりと根拠や理由を示せれば、基本的にはどんな書き方をしてもかまわない。単純なのはストレートに「なぜなら……」と書きはじめる型だが、これは、実戦では意外に使いにくい面もある。ひと言で理由や根拠を説明できないことが多いからだ。そこでこのステップでは、簡単で使いやすく、しかも深みのある答案が書ける〝必殺の型〟を紹介しよう。トレーニングを積んで、使えるようにしてほしい。

例題25 難易度 ★

「偏差値の高い〝いい大学〟を受けるべきだ」と思っている親に、「そうではない」ということを説明したい。とりあえず、つぎのようなことを頭の中で考えた。

偏差値の高い大学が自分に合ったいい大学とは限らないよ。自分の個性を生かせる大学がいい大学なんだから。大学のいい・悪いって、いまはみんな偏差値を基準に言ってるじゃない。それじゃ、自分の個性に合った大学は選べないいんだよ。

〔問い〕右の考えをつぎの形式にあてはめて整理したい。空欄に適切な文を入れて、全体を完成させなさい。

①そもそもいい大学とは、［ア］。
②しかし、［イ］。
③その結果、［ウ］。

「そもそも……」と書いてつくる《論理的な展開》

この例題のように、「そもそも〇〇とは××である」と《定義》から書きはじめるパターンを、本書では〝定義提示型〟の展開パターンと呼ぶ。定義を示すことで「社会的視野の広さ」をアピールでき、しかも、おのずと論理的な展開になるというメリットがある。

「そもそも……」のあとの組み立て方は、じつはいろいろあるが、この例題のように「しかし……、その結果……」でつなぐと自然な流れができて書きやすい。

これは、「そもそも」のあとに《本来こうあるべきという定義》を示し、「しかし（だが）……」とつないで、《定義に反する現実や現象》を説明する。そのあとに「その結果（したがって）……」と書いて、《そこから引き起こされる結果》を書くパターンだ。

「そもそも……。しかし……。その結果（したがって）……」の〝つなぎ〟を大きな流れと考え、これにそって必要な要素をあてはめていけば、自然に論理的な展開になる。

解答例
ア（そもそもいい大学とは、）自分の個性を生かせる大学のことだ
イ（しかし、）いまは、偏差値を基準にして大学のよしあしを判断している
ウ（その結果、）自分の個性に合った大学を選べない

解説
右の解答例は、そのまま第三段落の構成メモになる。この場合、命題は「偏差値で大学を選ぶべきか」となる。結論は、「個性を尊重した大学選び」の観点から、もちろん「ノー」の立場だ。第三段落の「展開」では、その根拠や理由を、右の①〜③の流れのなかで書いていけばいい。

〝定義発見〟トレーニング

〝定義提示型〟の展開パターンは、《定義》を思いついた時点で、展開の流れはほぼ決まる。定義の発見が最大の勝負どころだ。例題を三つ続けて出そう。

例題26 難易度★

例題25は、「そもそも偏差値とは、……」という定義を示して〝定義提示型〟のパターンをつくることもできる。この場合の第三段落（展開）の構成メモを、さきの例題25にならい、「①そもそも偏差値とは、……。②しかし、……。③その結果、……」の流れをつくって書きなさい。

Step10 定義提示型の展開

例題27 難易度★★

「歩道橋は交通安全に役立っているか」という命題に対して「ノー」を言いたい。〝定義提示型〟の展開パターン（「そもそも……。しかし……。その結果（したがって）……」）を用いて、第三段落の構成メモをつくりなさい。

▼ヒント
「歩道橋」か「交通安全」を定義する。歩行者優先、弱者の保護などを考えてみる。

例題28 難易度★★★

「学級崩壊は児童のわがままが原因か」という命題に対して、「ノー」の立場からつぎのような構成メモを作成した。空欄に適切な文章を入れてメモを完成させなさい。

●構成メモ
1　学級崩壊は児童のわがままが原因か。
2　確かに、少子化で親が過保護になり、わがままな子が増えているのも事実だ。しかし、学級崩壊を児童のわがままのせいにするのは責任転嫁だ。
3　①そもそも、［ア］。つまり、社会に適応できるように集団のルールを児童に教えることも、学校教育の大きな役割の一つなのだ。
②しかし、［イ］。
③その結果、［ウ］。
4　以上より、現在の学校や教育体制が学級崩壊を引き起こしている。

■出典
「白藍塾」添削課題より。設問を改変。

▼ヒント
三〇頁を参照。

〝定義〟は一つだけとは限らない

例題26は、例題25の①を「そもそも、偏差値とは……」に変えるだけでいい。偏差値の定義も、本来の意味をそのまま書けばいい。ちなみに、設問の指示にはないが、「そもそも、大学の序列化は設備や教授陣の優劣によって決まるべきものだ」と書くこともできる。このように〝定義〟は一つだけとは限らず、その気になればいくらでも見つけられるのだ。

例題26の解答例

①そもそも偏差値とは、学力を相対的に評価するものでしかない。
②しかし、いまは偏差値で大学のいい、悪いが判断されている。
③その結果、自分の個性に合った大学を選べなくなっている。

より社会性のある〝定義〟を引っぱり出す

例題27は、「そもそも歩道橋とは、……」と、「そもそも交通安全は、……」の二つの定義が考えられる。どちらを使って書いてもいいが、「交通安全」の本来の理念を提示する後者のほうが、より社会性のある答案が書ける。
例題28でも、社会性のある定義を思いついてほしい。個性重視の教育と対立する理念が、空欄のアに入る。そのうえで、現在は、個性重視の方針になっていることを説明する。そして、その結果、児童（または教師）がどうなってしまったのかを書けばいい。

例題27の解答例

Ａ《歩道橋を定義》
①そもそも歩道橋は、すべての歩行者の安全を考えてつくるべきものだ。
②しかし、高齢者や障害者は歩道橋を利用できず、道路を直接横断している。
③その結果、歩道橋があることでかえって危険な状況が生まれている。
または、
③したがって、歩道橋は歩行者の安全を守っているとは言えない。
Ｂ《交通安全を定義》
①そもそも交通安全は、歩行者優先を絶対的な原則とすべきである。
②しかし、歩道橋は明らかにその原則に反し、車優先の風潮をつくってしまう。
③したがって、歩道橋は交通安全に役立っているとは言えない。
または、
③その結果、車優先の思想が社会に定着し、歩行者の安全が軽んじられる。

例題28の解答例

ア（そもそも）教育の目的は、「良い社会人をつくる」ことにある
イ（しかし、）画一化教育への批判から、個性や自主性を重視する教育方針が叫ばれ、集団性が軽視される傾向にある（集団性より個性が重視されている）
ウ（その結果、）児童は授業中でも勝手気ままに騒ぐ（教師は集団のルールや価値観を教えられなくなっている）

「しかし、そもそも……」を〝真ん中〟で使うパターン

〝定義提示型〟の展開パターンは、〝つなぎ方〟を組み換えて使ってもいい。たとえば、例題26の展開パターンはつぎのような流れにして用いることもできる。

①現在は、偏差値によって大学が序列化され、受験生は偏差値で大学を選んでいる。
②しかし、そもそも偏差値は学力の相対評価であり、大学の個性や優劣を示すものではない。
③したがって、受験生が自分の個性に本当に合った大学を選ぶには、偏差値にとらわれずに志望校を検討することがたいせつだ。

このパターンでは、最初に《現在起きていること》を説明する。そして、それが好ましくないことを示すために、「しかし、そもそも……」と、本来あるべき姿を《定義》として提示する。最後は、ここから導かれる《対策》などを「したがって、……」と書いて示す。

右の①〜③の太字で書いた言葉が、このパターンの流れを決定する。「現在の（は）、……。しかし、そもそも……。したがって……」という一連の流れで覚えてほしい。

ちなみに、この型の場合は、最後の「したがって、」のあとに「どうすべきか」という《対策》や《提言》を書くとおさまりがいい。何かしらの対策や提言を書きたい場合は、こちらの型のほうが使いやすいだろう。では、つぎの二つの例題を続けてやってほしい。

例題29 難易度★

「オリンピックへのプロ選手の参加は好ましいか」という命題に、「ノー」の立場で意見を述べたい。「①現在、……。②しかし、そもそも……。③したがって……」の展開パターンを用いて、第三段落の構成メモを作成しなさい。

例題30 難易度★★

つぎの構成メモの空欄ア、イに、適当な文章を入れてメモを完成させなさい。

●構成メモ

1　学級崩壊は児童のわがままが原因か。
2　確かに、少子化で親が過保護になり、わがままな子が増えているのは事実だ。しかし、学級崩壊を児童のわがままのせいにするのは責任転嫁だ。
3　①現在の学級崩壊は、教育の画一化に問題がある。画一的な授業が児童の個性を抑圧し、そのために児童が自己主張をして学級崩壊が起きているのだ。
②しかし、そもそも教育の目的は、［　ア　］。
③したがって、［　イ　］
4　以上より、学級崩壊は児童のわがままが原因ではない。

例題29の解答例

ア　現在、オリンピックへのプロ選手の派遣がしだいに増えている。
イ　しかし、そもそもオリンピックの根本精神は、アマチュアリズムにある。
ウ　したがって、プロ選手はオリンピックに参加すべきでない。

例題30の解答例

ア　個性を豊かに伸ばすことにある／個人を幸せにすることにある…など
イ　個性や自主性を尊重する教育を徹底すべきだ／一律の価値観を教える教育のあり方を改める必要がある…など

ちがう根拠から同じ結論を引き出してもかまわない

例題29は、「オリンピックとは……」と定義するのが正攻法だ。「オリンピックはアマチュアスポーツの祭典である」ということを聞いたことがある人なら簡単に書けるだろう。

例題30は、例題28とまったく同じ命題で、それに対する結論も「ノー」で同じだ。しかし、学級崩壊の原因を、例題28では「個性重視の教育の結果」と言い、例題30では「管理強化、画一化の結果」と言っている。どちらが正しいのかと言うと、どちらでもかまわない。実際、学者や評論家によって、いまの教育についての見方は二つに分かれている。

ようするに、いまの教育をどう評価し判断するかは、書く人の考え方に委《ゆだ》ねられている。こういうところが、「答えが一つしかない」数学や物理などとはちがうところだ。

では、最後に、例題28と例題30の構成メモをもとにした模範答案例を示しておこう。「問題提起」と「意見提示」「結論」は同一にして、「展開」だけ〝定義提示型〟の二つのパターンを用いている。

模範答案例『学級崩壊』

最近、学級崩壊が社会問題になっている。児童がそれぞれ勝手な行動を取るために、授業が成り立たないというのだ。これは児童のわがままが原因だろうか。
確かに、少子化の影響で兄弟の数が減り、その分、親は過保護になる傾向がある。その結果、わがままな子どもが増えているのも事実だろう。しかし、学級崩壊を子どものわがままのせいにするのは行き過ぎだ。現在の教育や学校のあり方に問題があるのだ。
〔パターン1〕……定義を先に示す
そもそも教育の目的は、「良い社会人をつくる」ことにある。つまり、健全な社会生活を営むうえで必要な知識や集団のルールを教えることが、学校が果たすべき本来の役割の一つなのである。ところが、画一化教育への批判から、個性や自主性を重視する教育が叫ばれ、集団性が軽視される傾向にある。たとえば、昔は当たり前だった集団登下校を廃止する小学校が、最近はかなり増えているという。その結果、児童は集団生活というものを理解できず、授業中でも自由気ままにふるまうようになる。そして、教師も集団的な価値観を児童に強く指導できなくなっている。それが学級崩壊を引き起こしているのだ。

1 問題提起
2 意見提示
3 展開1

Step10 定義提示型の展開

〔パターン2〕……定義をあとで示す

現在の学級崩壊は、平等性を重視した画一的な指導に問題がある。同一内容の教科書で個性のちがう四〇人近くの児童を一斉に指導することが、個性の抑圧をもたらしているのである。そのため、個性を認めてもらいたい児童が授業中に自己主張をして、学級崩壊が起きているのだ。しかし、そもそも教育の目的は、個性を豊かに伸ばすことにある。したがって、学級崩壊を根本的に解決するには、現在の画一化教育を改め、児童の個性を重視する教育へと変える必要がある。たとえば、教科書の多様化や、二〇人程度の小クラス制なども検討すべきだろう。

以上のように、学級崩壊は児童のわがままのせいではなく、現在の学校や教育方針によって引き起こされている。

3 展開2
4 結論

構成メモから答案への〝橋渡し〟のポイント

前ページの模範答案例と、それぞれのもとになった構成メモ（一〇九ページ、一一二ページの解答例）をもう一度見くらべてほしい。構成メモを丸写ししているのではなく、主張がより的確に伝わるように表現などを工夫して書いていることがわかるはずだ。

構成メモは、いちばん単純な〝骨組み〟だけを示す下書きにすぎない。これを答案にするときには、当然、わかりやすく表現しなおすなどの工夫をする。さらに、構成メモの〝骨組み〟をうまく肉付けして説得力を持たせることも必要だ。

抽象的な文章は、「つまり……」と書いてわかりやすく言い換えたり、「たとえば……」と書いて具体的な例をあげることで説得力を増す。〝採点者〟になったつもりで読んで、不明瞭だったり具体性に欠けると思ったところを中心に肉付けするのが基本だ。各自、研究してほしい。

Summary ステップ10のまとめ

説得力のある展開部を書くには、つぎのことが重要だ。まず、文と文の〝関係〟を明確に意識して書く。多くの受験生は、これを曖昧《あいまい》にしているために論点がズレてしまうのだ。
そして、展開は、「根拠」か「対策」を書く場所だということを確認しておこう。
展開パターンとして、ここでは〝定義提示型〟の二つのタイプを紹介した。この型をマスターしておけば、答案作成力に奥行きができる。〝骨格文〟をどうやって肉付けすればいいかも模範答案例から盗み取ってほしい。

Close Up! “定義提示型”の展開パターン

1「そもそも・・・」
→「本来こうあるべき」という《定義》を書く。
《例》「そもそもいい大学とは、個性を生かせる大学だ」

↓

2「しかし（だが、ところが）、・・・」
→現実がその《定義》にそぐわないことを示す。
《例》「しかし、いまは偏差値で大学が序列化されている」

↓

3「その結果（したがって）、・・・」
→それによって引き起こされる結果や主張を書く。
《例》「その結果、自分の個性に合った大学が選べない」

Step 11

展開トレーニング2

〝背景提示型〟の展開パターン

イヤでも社会性を持たせる展開パターン

鋭い展開にするための〝必殺形〟をマスター！

ステップ10の〝定義提示型〟とともにぜひマスターしてほしいのが、これから説明する〝背景提示型〟の展開パターンだ。《背景》とは、直接的な理由や原因ではなく、「社会に深く根ざした理由や要因」と考えてほしい。

たとえば、「学級崩壊は、児童のわがままが原因だ」と指摘するだけでは、社会的背景を説明したことにならない。「なぜわがままになるのか」ということを考えていくと、「少子化により親が過保護になった」「個性重視の教育方針に変わった」「管理教育で個性が抑えつけられている」などの要因に行き当たる。これらが、いわゆる《社会的背景》だ。

〝背景提示型〟は、社会的視野の広さを見せつけるための展開パターンだ。だから、《社会的背景》を思いつかなければ、この型の威力は十分に発揮されない。そこで、型の説明にはいるまえに、《社会的背景》を引き出すトレーニングをやっておこう。

例題31 難易度 ★★

首都圏周辺の大きな団地やマンションの周辺の道路では、違法駐車が多い。車の所有者のほとんどは、団地に住んでいる人たちである。違法駐車の社会的背景を考え、「違法駐車の背景には、……がある」の形にあてはめて答えよ（複数解答可）。

「なぜか？」という問いを連発して、背景を深めていく

NG解答例（よくない解答例）には、「団地の駐車場が狭いから」「駐車場が近くにないから」「駐車場を借りるお金を節約したいから」などがある。これらは、たしかにもっともな説明だが、《社会的背景》と呼ぶにはあまりにも直接的すぎる。

《社会的背景》にたどりつくには、これらのことを手がかりに、「なぜそうなのか？」を追及していけばいい。たとえば、つぎのアイデア・メモを見てほしい。矢印は「なぜか」の意味だ。矢印の終点に近いものほど《社会的背景》が深まっている。これを参考にしてほしい。

●アイデア・メモ

・団地の駐車場が狭い→（なぜか）→車の所有率が高いから→④
　　　　　　　　　　　　　　　　　↳交通が不便だから→⑤
　←（なぜか）
・建てるときに駐車スペースを確保しなかった（できなかった）から。
　←　　　　　　←　　　　　　←
・土地が余っていないから　・地価が高いから　狭い土地を高層化で活用
　←　　　　　　←　　　　　　←
　①　　　　　　②　　　　　　③

解答例

〔違法駐車の背景には〕①都市の過密問題がある　②土地政策の失敗がある　③効率重視の価値観がある　④階級のない大衆社会がある（高度な大衆消費社会がある／日本人の中流意識がある／日本経済の発展がある）⑤公共交通機関の不備がある

意外性のある《社会的背景》で鋭さをアピール！

右にあげた以外にも解答例はあるだろうが、とりあえずここにあげたものを、オーソドックスな社会的背景と考えてほしい。ちなみに、解答例の①～⑤の番号は、前ページのアイデア・メモの①～⑤に対応する。
①、②、⑤などは、比較的わかりやすい背景なので、とくに解説は不要だろう。ただし、解答例を見て「なぜこれが背景なの？」と思うものもあるかもしれない。まずは自分なりにその結びつきを考えてみよう。これもトレーニングだ。
③の「効率重視の価値観」とは、高層化により居住者を増やして採算性を重視し、居住者のニーズを考えないマンション業者などを思い浮かべてほしい。また、④は、戦前のように少数のエリート階級だけが車を所有する時代でなくなり、普通のサラリーマンの年収でも十分に車を買える時代になったという社会的背景を、微妙にちがう視点で述べたものだ。
このように、《社会的背景》は、さまざまな視点からさまざまに表現できる。**一見、関係のないように見える背景をテーマと結びつけること**に成功すれば（たとえば「違法駐車と中流意識」）、その着眼点や意外性を高く評価してもらえる。

例題32 難易度★★

日本で受験競争が激化した社会的背景を考えたい。つぎのメモも参考にして、「受験競争の加熱の背景には……がある」の形で列挙しなさい。

●アイデア・メモ

・受験競争の加熱→みんながいい大学を目指すから→教育熱が高いから
・いい大学に入れば、就職に有利だから←①
・頑張ればだれでも大学に入れるから←②
・教育にお金をかけられるから←③

解説

つぎのページの解答例の①～③は、右のメモの番号に対応する。④～⑦はメモ以外から導いた社会的背景だ。①、③はわかりやすいので解説を略す。②は四〇ページの「平等主義と能力主義」の解説で触れているので参考にしてほしい。
④は、みんなが周囲の価値観に自分を合わせるために、受験一色の価値観に染まっていると考えればいい。⑤では、知的な労働者を大量に育成するための学力偏重教育を指摘する。⑥の「日本の産業の特質」は、日本の産業の取り柄は技術力のため、産業界は知的でレベルの高い技術者や労働者を求めているという背景だ。⑦は、ようするに「遊び」を求めて大学に行く、つまり大学の四年間を自由に遊んで過ごす〝執行猶予期間〟ととらえる風潮を指摘する。

解答例
（受験競争の背景には）①学歴社会がある　②階級差のない平等社会（大衆社会）の実現がある／日本人の中流意識がある　③日本の経済的成功がある／少子化の問題がある　④日本人の集団主義がある　⑤「良き社会人を作る」という教育理念がある　⑥日本の産業の特質がある　⑦大学のレジャーランド化がある……など。

「○○の背景には××がある」と切り出す展開パターン

例題33　難易度★★★

「団地周辺の違法駐車は、団地住人のモラルの問題か」という命題に対して「ノー」の立場で第三段落の構成メモをつくりたい。つぎのメモは、例題31の解答例④の「高度な大衆消費社会」についてまとめたものだ。このアイデア・メモをもとに、あとに示す構成メモの空欄に適切な文章を入れて、構成メモを完成させなさい。

●アイデア・メモ
高度な大衆消費社会……生産より消費を重視する社会
　　大衆の消費で成り立つ社会
（特徴）モノがステータスシンボルとなる（大衆の消費欲を刺激）
　　↑
・必要性ではなく、見栄や社会的シンボルの獲得のための消費
　　↑
例・昼間から路上駐車している→必要性が薄い証拠

・本来は必要ない車があふれている
例・一家に2台
・駐車スペースが不足→違法駐車

●構成メモ（第三段落）
①団地の違法駐車の背景には、［ア］がある。［ア］とは［イ］ような社会のことであり、そこではモノは［ウ］。
②その結果、［エ］。
③その結果、［オ］。

「……の背景には……。その結果……。その結果……」でつなぐ

例題33の構成メモのような展開パターンが、〝背景提示型〟のオーソドックスなスタイルだ。つまり、第三段落の冒頭で、いきなり核心となる《社会的背景》を出す。それを説明したあとで、そこから導かれる《結果》をポン、ポンと二つ出す。

「高度な大衆消費社会」を説明したアイデア・メモは、〝背景提示型〟の流れになっているので、これを抜き出して構成メモの空欄を埋めればいい。《社会的背景》を掘り起こすには「なぜか、なぜか」と原因をさぐっていったが、構成メモでは逆の流れになっている。つまり、《社会的背景》を出発点として、そこから逆方向に《結果》をたどっているのだ。*

＊P一二三図表参照。

解答例
ア　高度な大衆消費社会　　イ　生産より消費を重視する（消費によって成り立つ）
ウ　社会的なシンボル（記号、ステータス）になっている
エ　人びとは必要性ではなく、見栄や社会的シンボルを得るためにモノを消費する
オ　必要性を超えて大衆が車を所有するため、駐車スペースの不足を招く

背景について説明したあとに《結果》を導く

例題33の構成メモをもう一度見てほしい。①では、背景として「高度な大衆消費社会」を示した直後に「それはどういうものか」という説明を加えている。これは重要だ。

たとえば、「違法駐車の背景には高度な大衆消費社会がある。その結果、人びとは見栄でモノを買うようになる。その結果……」と書くと、読んだ人は、「なぜ高度な大衆消費社会では、見栄でモノを買うのか」ということがよくわからない。

つまり、**与えられたテーマと《背景》との間に〝距離〟があるときは、それを埋める説明が必要になる**ということだ。これに注意して、つぎの例題もやってほしい。

例題34　難易度 ★★★
「受験競争を招いたのは教育の責任か」という命題に「ノー」を言いたい。背景として「平等社会の実現」を指摘する第三段落の構成メモを、「①……の背景には……がある。②その結果……。③その結果……」の展開パターンを用いて作成しなさい。

解答例
①受験競争の背景には、階級のない平等社会の実現がある。平等社会では、家柄や貧富の差に関係なく、努力によって社会的地位を向上させられる。
②その結果、社会的地位向上のチャンスがより多く開かれている大学をめざす受験生の割合が非常に高くなる。
③その結果、受験競争が引き起こされているのである。

構成メモから答案へ

〝背景提示型〟の展開パターンの構成の特徴を、いったん下の図表にまとめておこう。そのうえで、例題33の構成メモをもとにした模範答案例をつぎのページに示す。

これも、構成メモと見くらべながら、〝肉付け〟や具体例の入れ方、流れの作り方などをよく研究してほしい。

図解　“背景提示型”の構成を分析する

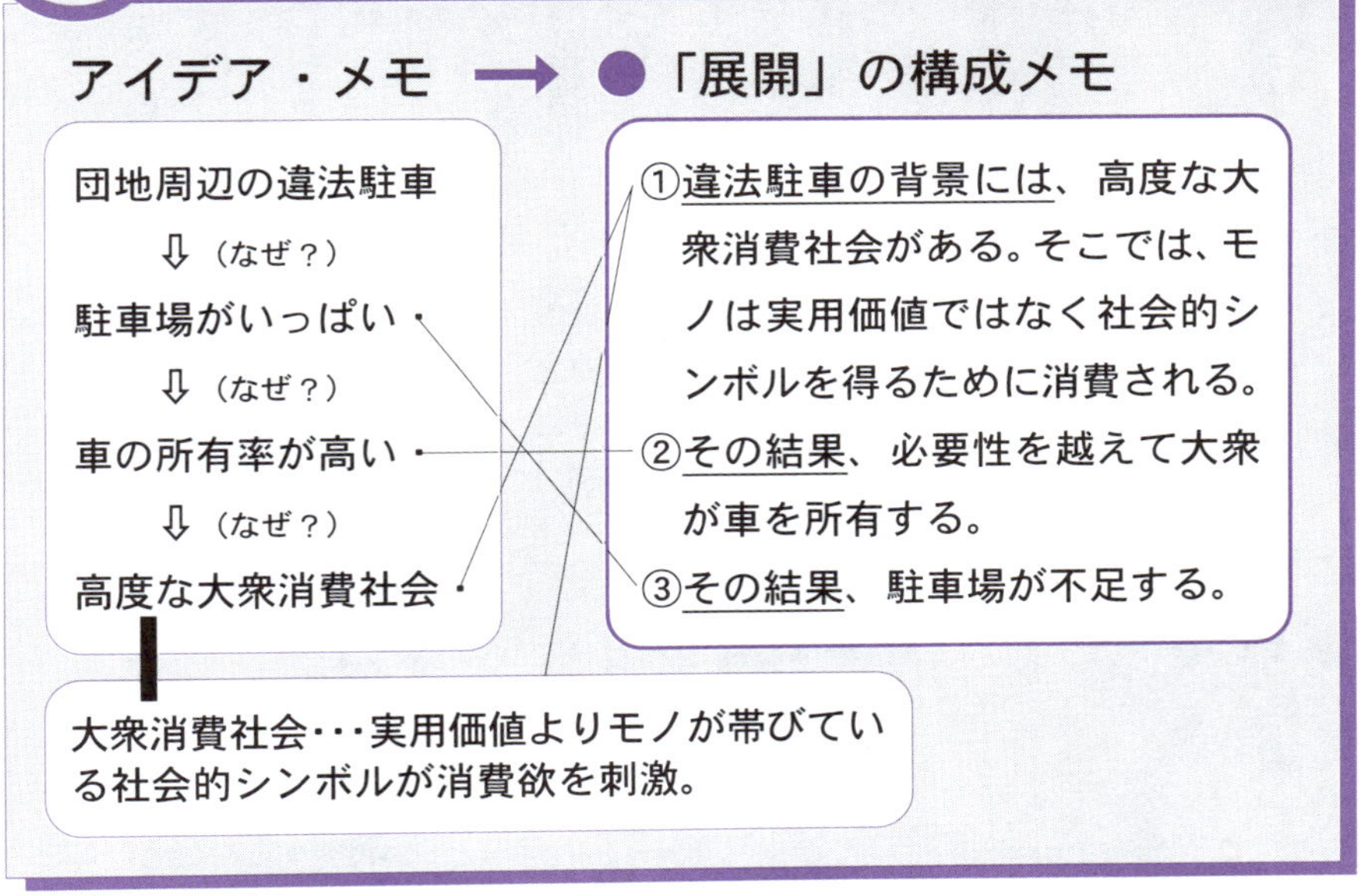
アイデア・メモ
「展開」の構成メモ
団地周辺の違法駐車
⇩（なぜ？）
駐車場がいっぱい
⇩（なぜ？）
車の所有率が高い
⇩（なぜ？）
高度な大衆消費社会
大衆消費社会･･･実用価値よりモノが帯びている社会的シンボルが消費欲を刺激。
①違法駐車の背景には、高度な大衆消費社会がある。そこでは、モノは実用価値ではなく社会的シンボルを得るために消費される。
②その結果、必要性を越えて大衆が車を所有する。
③その結果、駐車場が不足する。

模範答案例『違法駐車』

首都圏周辺の大きな団地やマンションの周辺道路では、違法駐車が多く見られる。そのほとんどは団地やマンションの住人が所有する車だという。では、この違法駐車は、住人のモラルが低いために起こっているのだろうか。

確かに、みんなが違法駐車をしているのだから、自分もやらなければ損だという道徳心の欠如はほめられたものではない。しかし、もっとも大きな問題は、車の台数に見合うだけの駐車スペースがないということだ。それはなぜなのかを考えてみたい。

違法駐車の背景には、高度な大衆消費社会の実現がある。大衆消費社会とは、生産よりも消費を重視し、大衆がモノを大量に消費することで成り立つ社会のことだ。このような社会では、モノは実用価値からではなく、モノ自体が帯びているステータスシンボルを得るために消費される。たとえば、車にしてもブランド品にしても、ある種のステータスを表す記号となり、それが大衆の消費欲を刺激するのだ。**その結果**、人びとは必要性や実用価値の観点からは無駄なモノまで所有するようになる。昼夜を問わない違法駐車の常態化はそのことを物語っている。二台の車を所有し、うち一台は車庫でホコリをかぶったままという家庭もめずらしくない。**このように、人びとが必要性を超えてモノを所有しようとするため**、*想定される駐車台数をはるかにオーバーする車が氾濫《はんらん》し、それが違法駐車を引き起こしているのだ。

以上見てきたように、違法駐車はモノを記号として消費する現代の高度な大衆消費社会に大きな原因がある。

1 問題提起
2 意見提示
3 展開
＊太字で書かれた文章全体が「その結果」に相当している。
4 結論

《背景》を途中で持ち出す展開パターン

〝背景提示型〟の変形パターンについても触れておこう。これは、第三段落の冒頭でいきなり背景を出さず、直接の原因について説明したあとで、背景を切り出すスタイルだ。たとえば例題33では、「①違法駐車の原因は、駐車スペースの不足にある。②その背景には高度な大衆消費社会がある。高度な大衆消費社会ではモノが帯びる社会的シンボルを大衆が消費する。③その結果、必要性のない車が氾濫《はんらん》して駐車スペースが不足する」という展開だ。

「……の原因は……である。その背景には……がある。その結果……」という流れになるが、こういう型でも書けるということを知っておいてほしい。

「結論」は、イエスかノーかをアッサリ言って終わる

例題35 難易度 ★

つぎの(1)〜(4)は、小論文の最終段落の結論部分である。悪い点があれば指摘せよ。
(1) 以上見てきたように、日本語は乱れているのではなく、言葉が大衆化し、民主化しているということなのだ。さて、この先、日本語はどう変化していくのだろうか。
(2) このように、学級崩壊の原因は、児童のわがままではなく、集団のルールを教えられない教師にある。ただ、そういう教師はごく一部で、ほとんどの教師は集団の規律をきちんと指導していると思うのだが、どうだろうか。

(3)　以上のように、欧米人は自分たちの価値観を基準に、「日本人は働きすぎだ」と決めつけている。ヨーロッパが落ちぶれたのも、彼らの怠惰《たいだ》のせいだと気づくべきだ。
(4)　このように、ガンの告知は日本の文化にはそぐわない面がある。とはいえ、人によっても考え方はちがうので、ガンを告知したほうがいい場合もあるだろう。

〝蛇足〟と〝弱気〟が、力作をパーにする

「展開」のあとにくる最終段落の「結論」は、命題に対してイエスかノーかをあっさり述べて終わるだけでもいい。字数を埋めなければならないときは、そこまで述べてきたことを、もう一度整理して示し、そのあとで結論を提示する。

「結論」でいちばん多い失敗は、最後に自信がなくなって、「イエス」でも「ノー」でもない結論を書いてしまうケースだ。ひどいのになると、最初はイエスで書きはじめたのに、気づいてみたら結論でノーに変わっていることもある。

例題にあげた結論は、みな同じ失敗をしでかしている。つい、最後に余計なことを書き加えてしまっているのだ。こういう不用意なつけ足しが、答案全体の質を一気に下げる。

意外に多いのは、(1)、(2)のように疑問形で終わる結論だが、小論文ではとくに展開の後半から先は、絶対に疑問形を使わないほうがいい。小論文は、疑問を解決するために書くのであって、疑問を提示するのは本末転倒だ。
(2)、(4)は、書いているうちに「書きすぎたかな」と思って、あわてて弁解じみたことをつけ足して失敗した。主張があいまいになり、何を言いたいのかわからなくなっている。

解答例
(1) 疑問形で終わるのはよくない。
(2)「ただ」以降は完全な蛇足。教師の割合を論じても無意味。疑問形で終わっているのもよくない。
(3) 最後の一文があまりにも感情的になりすぎている。
(4)「個人の考え方のちがい」に問題を帰するのは好ましくない。

Summary

ステップ11のまとめ

小論文では、「社会的視野の広さ」がいちばん問われる。それをアピールするのにもっとも適した展開パターンが〝背景提示型〟だ。その流れをシッカリ理解して、使えるようにしてほしい。

ただし、この型は《深みのある社会的背景》を引き出せなければ威力を発揮しない。メモづくりの段階では、「なぜか→なぜか→なぜか」と連発して、深い背景を引き出してほしい。

Close Up! “背景提示型”の展開パターン

1 「○○の背景には、××がある。」
→問題点（現象、現実）の《社会的背景》を書く。
《例》「学級崩壊の背景には、教育の画一化がある」

2 「その結果（そのため）、･･･」
→その《社会的背景》が引き起こす結果などを書く。
《例》「画一化により、児童の個性が抑圧されてしまう」

3 「その結果（そのため）、･･･」
→さらにそこから導かれる結果や現象を書く。
《例》「その結果、個性を認めてほしくて自己主張する」

図で読む対立軸の知識③

国際社会

新・国際主義 VS **新・民族主義**

新・国際主義

【背景】「人権の保護」を普遍的理念に掲げ、国家・民族を超えて民主化を推進する立場。

民族を超えた普遍的な国際秩序を確立する

〔具体例〕
・紛争への軍事介入
・非民主国家への制裁
・国連平和維持活動

新・民族主義

【背景】ソ連崩壊後、東欧諸国で民主化、独立運動が高まるなかで登場した民族自決の理念。

民族の運命の決定権は、その民族にある

〔具体例〕
・ユーゴ・コソボ自治州紛争／東チモール独立問題など

問題点

しかし・・・

国際介入・制裁
アメリカ主導
↓
軍事介入・経済制裁
国家主権の侵害
紛争の泥沼化

×

しかし・・・

他国の問題に不介入
民族自決
↓
非民主国家の圧政を放置
人権抑圧の黙認
民族紛争の拡大

アメリカ主導
アメリカ主導
↓
イスラム圏の反発増大
テロの頻発
欧米型価値観の強要

×

国際秩序の未形成
さまざまな価値観の許容
↓
国連の指導力低下
専制国家の出現

4章

読解・要約トレーニング

筆者の主張をつかむ樋口流読解術

読解・要約トレーニング1 〝反対物〟を想定する

細かいルールは不要！ 課題文読解の極意

課題文なんか恐くない！

小論文の試験では、課題文を読ませたあとに、それについて意見を求めたり、ある条件を設定して論じさせる問題も多い。しかし、答案を書くときには、課題文がない場合と同じように〝処理〟できる。まず、課題文を読んで筆者の主張をつかむ。そして、基本的には、筆者の主張をそのまま命題にしていい。たとえば、「日本社会は、ヨーロッパ社会にくらべて成熟していない」という主張がそこで述べられているなら、これをそのままいただいて、「日本社会は成熟していないか」という命題を立てればいいわけだ。

考えようによっては、課題文があるときは、命題を自分でつくらなくていいぶん楽だとも言える。とにかく筆者の主張が読み取れればいいわけだ。ところが実際には、課題文の読解がうまくできない人が多い。そこでこの章では、どうやって課題文を読み、それを命題化するかというテーマを設定してそのノウハウを伝えていこう。

といっても、現代文の参考書のように、やれルールだ原則だのと面倒くさいことは言わない。小論文のための読解では、細かいところは抜きにしてとりあえず筆者の主張を大きくつかんでしまえば、あとは何とかなるからだ。

“普通に読む”とはどういうことか

予備校の現代文の講師は、よく、「正解はかならず本文中にある。それを探せ」と言う。そして、正解を発見するための法則やルールを何十個もこしらえる。そうすると、いかにも「読解はテクニックだ。テクニックを知らないから読めないのだ」と思えてしまう。

現代文の試験では、こうしたテクニックも必要なことは認める。しかし、ふだん本を読むときには、いちいちそんな面倒なルールを気にしながら読まない。なぜなら、“普通に読む”だけでも筆者の主張はつかめるからだ。現代文などのテストでも点が取れない人は、テクニックや法則がどうのこうのという以前に、もしかしたら“普通に読む”ことができていないのかもしれない。

では、“普通に読む”とは、どういう読み方を言うのだろうか。私が“普通に読む”ときのことを思い出しながら、説明してみることにする。まずは例題から入ろう。

例題36 難易度★

つぎの(1)〜(3)の主張は、何かに反対して書かれたものである。それぞれ、どんなことに反対しているのかを推測して簡単に述べなさい。
(1)　英会話の勉強のためには、英語の本をたくさん読むことがたいせつだ。
(2)　小学校では、ケンカの正しいやり方を教えるべきだ。
(3)　歌舞伎は最高の娯楽、日本のミュージカルだ。

解説

設問の意味はわかるだろうか。それぞれの主張は、何かに反対して書かれたものだ。何に反対しているかは、文章のなかには書かれていない。それは、これを主張した人の頭のなかにある。その頭のなかにあるものは何かと問うのが、この設問だ。よくわからない人は、それぞれの文章のはじめに「むしろ」をつけて考えてみよう。

解答例

(1) 英会話の勉強とは、会話やリスニングのことだとする一般通念や常識。
(2) ケンカはいけない、みんなと仲良くしなさい、と教える教育のあり方(子どもがケンカをしなくなったこと、などでも可)。
(3) 歌舞伎は古臭くてつまらない伝統芸能だという考え方。

すべての主張は、何ものかへの反対表明だ!

そもそも、何かを発言したり書いたりするのは、何ものかに「ノー」を言っていると理解しなければならない。「みんなはそう考えているようだけど、ぼくはちがう。ぼくはこう思う。なぜなら……」ということがあるからこそ、それが意見や主張となるのだ。

優れた学者や鋭い評論家ほど、みんなが当たり前に感じている常識や通念にノーを言う。何に対してノーを言っているのかさえつかめば、読解はグンと楽になる。同時に、論点や対立軸が明確になるため、筆者の主張に対してイエスでもノーでも書きやすくなる。

課題文を読んでいて、どうも筆者の主張がつかみにくいときは、「筆者が何に反対しているのか」を考えてみる。これが、樋口式読解法の数少ない〝読解ルール〟の一つだ。

Step12 課題文の読解法

例題37 難易度★★

つぎの文章を読んで、あとの問いに答えなさい。

私と同じ世代の人びとがあらましそうであったように、私もまた「何もしないでなまけているものには、悪魔は、何かいたずらでも見つけて来させる」という格言に則《のっと》って、いつも何かしているようにしつけられて来た。私は非常に善良な子供だったので、いわれたことは何でも信じ、一つの良心の持ち主となった。その良心のおかげで、私は現在まで一生けんめいに働きつづけて来た。だが、私の良心は、私の行為を支配しているけれども、私の考えはすっかり変わっている。私の考えることは、一体、あまり多く仕事をしすぎた、仕事はよいものだという信念が、恐ろしく多くの害をひきおこしている、現代の産業国家で教えさとす必要のあることは、今までいつも説教されて来たことと丸切り違うものだ、というのである。あのナポリの旅行者の話を知らぬものはあるまい。(ムッソリニの時代となる前の話だ)その旅行者は、日なたぼっこをしている12人の乞食を認め、その中で最もなまけものに1リラをやろうといい出した。11人の乞食がそれを得ようと飛上ったので、彼はじっとしている12人目のものに与えた。

(1)　①筆者は何に反対しているのか。②筆者の主張を一文（二一〇字程度）で要約せよ。
(2)　この文を読んで感じたことを述べるとき、どのような命題を立てればいいか。
(3)　文中に「仕事はよいものだという信念が、恐ろしく多くの害をひきおこしている」とあるが、その具体例を本文以外からあげなさい。

■出典
福岡教育大（教育）から。設問を改変。課題文はバートランド・ラッセル著・堀秀彦・柿村峻訳、『怠惰への讃歌』、一九五八（角川文庫）

解答例

(1) ①「勤勉はよいことだ(なまけるのはいけないことだ)」という価値観。
②「何もしないこと」を積極的に評価すべきだ。
(2) 何もしないことに積極的な意義を認めるべきか/勤勉を美徳とする価値観が、現代の混迷をもたらしたのか……など。
(3) 過労死/激しい競争意識/公害/環境破壊/戦争/核兵器/原発事故など。

〝筆者の主張〟をそのまま命題にする

課題文自体はやさしい。筆者が反対している「何か」も、前半部分にはっきり書かれている。ようするに、「なまけてはいけない(=よく働くべきだ)」という価値観、良心に対してノーを言っているのだ。そして、最後の乞食のエピソードでもわかるように、筆者は「何もしないこと」にも価値があるのだと主張している。

命題を立てるときは、この主張に対してイエス、ノーを言うのがもっとも正攻法だ。解答例にある二つの命題も、結局は、同じ命題を言い方を変えて書いたにすぎない。

ただ、「なまけるのはよくない」のは人間としてあたりまえだと思っている人には、もしかしたら、筆者の主張は理解しにくいかもしれない。これはつまり、「勤勉は善だ」ということがその人にとってあまりにも当然すぎて、それ自体を疑えなくなっているのだ。

こういう人は、じつは意外に多い。現代文でもこのタイプの人はいい点を取れない。課題文を、**自分の常識や感覚に引き寄せすぎて読んでいる**のがその原因だ。

課題文の〝外〟から具体例を探してきて読む

⑶の設問は、〝課題文の中から正解を探す〟現代文の試験では絶対に出ない。しかし、小論文では、課題文に書いていない具体例を思い浮かべることが非常に重要だ。それは、筆者の主張を理解しやすくするだけではない。その具体例からアイデアを広げたり、自分の書く答案でもそれを使ったりと、〝おいしい素材〟になってくれるからだ。

まず、だれでもピンときてほしいのが「過労死」だ。もうすこし視野を広くとると、たとえば解答例にあげた環境破壊や戦争、核兵器の恐怖もそうだ。何もしないでなまけていれば、これらのことは絶対に起こらない。「仕事は良いものだ」と思って一生懸命に働いてモノをつくるから、天然資源を大量に消費して地球環境が汚染される。「仕事を良いものだ」と信じる政治家や軍人が戦争を起こし、勤勉で有能な科学者が核兵器をつくってしまう。

一九九九年に東海村の原子力発電関連施設で起きた臨界事故もそうだ。正規のマニュアルではない〝裏マニュアル〟にしたがって危険な作業を行っていたことが事故につながったということだ。ようするに、作業効率を高めようとまじめに一生懸命に働いたことが招いた事故だとも言える。

このように、小論文の課題文を読むときは、２章で述べた「因果・背景知識」や「対立軸の知識」を駆使し、社会で起きていることと課題文を結びつけて考えるといい。知識だけあってもそれを結びつける推察力、想像力がなければダメだ。逆に想像力だけあって知識がないと、ひとりよがりの想像で、筆者の主張をねじまげて解釈してしまう危険もある。

例題38 難易度 ★★

「つぎの文章を読んで、どのように感じましたか。あなたの考えを述べなさい」という課題が出された。この文章の要約と命題を示した「問題提起」を書きなさい。


一九三二年のロサンゼルス五輪五千メートル決勝に出場した竹中正一郎は、トップを争う二人に一周近く遅れていた。先頭を競う二人が後ろにさしかかったとき、外側に寄ってコースを譲った。競技の翌朝、彼はアメリカの新聞で『十万人の観衆の心に残る真の勝者はタケナカである』としてスターになっていた。

このことは日本でもスポーツマンシップの手本として教科書などに掲載され讃えられた。

しかし、後日、竹中氏は「フラフラになって、後ろから足音が聞こえ、振り向こうとしたらよろけてアウトコースに出ただけなんだ」と述べた。さらにその後も、このことを振り返って「いま、母校慶応大学の陸上部監督だが、いつも部員に、ルールの許すぎりぎりの線のことをやって勝てといっている。その私が、わざわざ他人にインコースを譲ったりするだろうか。（当時、日米関係はよくなかったので）新聞は〝いい話〟を探していたのだろう。帰国してから、私の行為は日米の険悪な空気を緩和するのに役立った、という人がいた。でも私は、日米間が多少険悪になったとしても勝ちたかった。それがスポーツというものだ」とも述べた。

美談が作られる過程がよくわかる。竹中氏の、次の仮定も恐ろしい。「あのとき外側でなく、内側によろけていたら、私は罪人です」

■出典
千葉大学（教育）から。設問を改変。

明確な価値判断を含まない課題文の読み方

〝筆者の主張〟というと、「……すべきだ」「……はケシカラン」のように、はっきりとした価値判断*を含むイメージがある。学者や評論家が書くカチッとした評論文では、価値判断がはっきりと下されている場合も多いが、エッセイやコラム的な文章、随筆の類《たぐい》では、その意味での〝明確な主張〟が読み取れないこともある。

たとえばこの例題の課題文でも、「フェアプレーはすばらしい」とか「ルールの許すぎりぎりのことをやってまで勝利にこだわるのは好ましくない」とは書いていない。しかし、だからといって〝主張がない〟のではない。

「言いたいことがあるから文章を書く」のは大前提だ。世の中にこんなに面白いことがある、こんな矛盾がある、こんな人生がある、ということを報告し、読者に考えてほしい。これも立派な〝主張〟だが、価値判断を下す主張と区別する意味で〝**報告文**〟と呼ぶことにする。

ではこの場合、何に反対しているのだろうか。それは、大きく言うと「物事を表面的、惰性的にとらえがちな私たちの考え方、感じ方」に対してだ。惰性的になっている私たちには気づかないことを報告し、「どう考えますか」と問題提起をしているのだ。

それに対して命題を立てるときは、**筆者が報告していることについて、「……は好ましいか」とするのが正攻法だ**。筆者が価値判断を下していない以上、「筆者は、竹中氏の勝利へこだわる姿勢を批判している」などとは絶対に書けない。それに対してどう価値判断を下すかは読者の側、つまり答案を書く受験生に委《ゆだ》ねられている。


*【価値判断】ある事柄や対象についての是非や善悪を判断すること。物事のねうちを決めること。

解答例

竹中氏は、五輪の決勝で進路を譲ったとして称賛され、マスコミからスター扱いされた。しかし、実際は疲れてたまたま外側によろけただけで、竹中氏本人はルールの許すぎりぎりのことをしても勝つべきだ、という勝負哲学を持っている。では、以下命題。

〔命題〕①フェアプレーより勝利へのこだわりを重視するのは好ましいか。
②民衆がスポーツにドラマや美談を求めるのは、好ましいことだろうか。
③スポーツを物語に仕立ててスターを作る報道のあり方は、好ましいか。

〝報告文〟では、「……は好ましいか」の命題を使う

この課題文は、千葉大学・教育学部からのものだ。実際の設問は「この文章を読んで、どのように感じましたか。あなたの考えを八〇〇字以内でまとめなさい」とある。比較的自由に命題を立てられる設問だ。

教育学部ということを意識すると、解答例では①が正攻法の命題となる。これを変形して、「スポーツ教育では、フェアプレーより勝利への執着を教えるのが好ましいか」という命題にしてもいい。同じ課題が文学部や社会学部で出題された場合は、スポーツを社会や報道のあり方と結びつけた②や③の命題のほうが鋭さをアピールできるだろう。

いずれにしろ、明確な価値判断を含まない〝報告文〟では、そこからいろいろな命題をつくれる。学部に好まれそうな命題を探してくるのも、鋭さをアピールするポイントだ。ただし、課題文のテーマを無視した命題を立ててはいけない。たとえば、つぎの命題はNGだ。

NG命題例（よくない命題）
①もし竹中氏が内側によろけていたら、罪人扱いされていたか。
②アメリカの新聞は、日本の新聞よりスター作りがうまいか。
③竹中氏は、マスコミの食い物にされた犠牲者だろうか。

Summary

ステップ12のまとめ

ここまでを簡単にまとめておこう。課題文を読むときは、「筆者が何に反対しているか」を考えながら読むと、筆者の主張がつかみやすくなる。さらに、課題文には触れていない具体例なども思い浮かべてみると、より論旨がつかみやすい。
命題を立てるときは、基本的に〝筆者の主張〟がそのまま命題になる。ただし、エッセイのように明確な価値判断を含まない〝報告文〟のときは、「……は好ましいか」という命題にすると書きやすい。

Close Up!

課題文読解・命題化のポイント

●課題文読解のツボ●
筆者が「何に反対しているのか」に注意！

A 筆者の主張 ← 筆者が反対するもの 非A
明確になる！

命題化
①「（筆者の主張は）本当か／正しいか」
☞課題文に明確な主張がある場合
②「（報告されていることは）好ましいか」
☞明確な主張がない“報告文”の場合

Step 13

読みにくい課題文は〝型〟にハメて読め！

●樋口式・四部構成読解法

四部構成のマスターが、読解力をアップさせる

小論文を教えていると、生徒たちがいろいろ報告にくる。多いのは、「小論文の添削を受けるようになったら、なぜか現代文の成績も上がってきた」というものだ。

現代文の勉強を特別にやっていないのに、なぜか現代文ができるようになる。これは、不思議でもなんでもない。私に言わせれば、むしろ当たり前のことだ。理由の一つは、小論文の勉強をしていくうちに、自然にいろいろな知識が身についてくるからだ。知識がつけば読解力もつく。自分の得意ジャンルの文章ほど読みやすいのは、そのためだ。

もう一つには、樋口式・四部構成で書けるようになると、現代文の問題も自然に四部構成にあてはめて読めるようになる、ということがある。3章で紹介した四部構成法は、いわゆる論文のスタイルを〝ひな型〟に、それを書きやすいようにアレンジしたものだ。つまり、大学の教授でも評論家でも、論文式の文章を書くときには、おのずと四部構成の流れになる。

四部構成を使えるようになると、自然に四部構成を頭に置いて課題文を読むようになる。そうすると、筆者がどういう構成で何を書こうとしているのかがわかってくる。

小論文の試験では、おそろしく長い課題文もよく出される。しかし、制限時間は少ない。ゆ

っくり読んでいたら、答案を書く時間などなくなってしまう。そこで、英語で言うパラグラフ・リーディングのような〝流れを大きくつかむ読解法〟が欠かせない。四部構成にあてはめて課題文を読むのも、樋口流のパラグラフ・リーディングだ。さっそく練習しよう。

例題39　難易度★

つぎの文章を読んで、あとの問いに答えなさい。

いまの教育は知育《ちいく》*にかたよりすぎている、という批判をよく聞く。たしかに、実態としては知育偏重の傾向がみとめられるが、教師や教育学者、教育評論家などが口にするタテマエは、むしろ知育軽視にかたむいているのではあるまいか。
知育批判や全人《ぜんじん》教育**を声高に叫んで、教育の空洞化を生じた痛ましい実例を私たちは見てきた。第二次大戦期の日本の教育、文化大革命期の中国の教育など。
今日の成熟した工業社会においては、社会の一員として充実した人生を生きるために、基本的な知的能力をしっかり身につけることが必要、という動かしがたい事実を直視しなければならない。

(1)　筆者の主張は、ア　知育を偏重すべきでない、イ　知育を軽視すべきでない、ウ　知育と全人教育のバランスを取るべきだ、のうちどれか。記号で答えよ。
(2)　この文を四部構成としてとらえなおし、構成メモを作成しなさい。

■出典
広島市立大（国際）より。設問を改変。課題文は上山春平著「三つの疑問」、『教育をどうする』（岩波書店）一九九七年より。

*
【知育】
知能や知識を豊かにするための教育のこと。

**
【全人教育】
知識や技能に偏らず、人間性全体をバランスよく発達させる教育のこと。「知育」とは対立的な理念であることに注意。

Step13
四部構成読解法

解答例

(1) イ
(2) 1 いまの教育は知育に偏《かたよ》りすぎているか。〔問題提起〕
2 確かに、実態としては知育偏重の傾向はある。しかし、むしろ知育軽視に傾いている。〔意見提示〕
3 知育批判、全人教育の称賛が、教育の空洞化をもたらした。〔展開〕
4 成熟した工業社会では、基本的な知的能力を教えることが必要。〔結論〕
（4の結論は、3の展開に含めてもよい）。

KEY WORD

学力低下 解説

知育重視から個性重視への流れ

日本の教育は、伝統的に「良い社会人をつくる」ことを目指してきた。知育の重視も、均質で質の高い労働者を育成することを目的とする教育方針だ。ところが、受験競争が激化するようになると、行き過ぎた知育重視＝知育偏重が批判されるようになる。

知育偏重が受験競争を引き起こし、ゆとりを奪っているという批判から、近年は個性や自主性を尊重する教育の実現が叫ばれている。文部科学省による指導要領の改定も、基本的には個性重視、ゆとりの増大という理念のもとに行われてきた。

ところが、ここにきて問題が持ち上がっている。それが「学力低下」だ。

「知育批判」の批判

たとえば、国際的な学力調査で昔はトップ・レベルだった日本の子どもたちの成績が、最近は急落しているという報告がある。また、小学校の四則計算もできない大学生の実態も報告されている。

学力低下は、「ゆとり教育」や「個性化教育」の名のもとで行われているカリキュラム内容の大幅な削除や、競争を回避させるような教育方針に原因があると指摘する論者が少なくない。かくして「知育批判」の批判、つまり、知育を重視すべき（少なくとも軽視するな）という声が国民の間でも高まってきた。*

この課題文の筆者も、「知育批判」を批判する側に与《くみ》している。(1)では、ウのような〝おだやかな主張〟を選びたくなるが、これは不正解だ。課題文では、知育批判や全人教育が教育の空洞化を招いたと厳しく批判している点に注意しよう。

「確かに……。しかし……」を〝目印〟にして読む

例題39の課題文は、絵に書いたような四部構成になっている。「問題提起」と「意見提示」が最初の段落にまとめられ、第二段落が「展開」、第三段落が「結論」という構成だ。あるいは、第二、第三段落をまとめて「展開」と考えてもいい。**

まず、命題は課題文の最初の一文が示している。命題は、なんでもかんでも「……だろうか」にする必要はない。「……と批判されている」「……という問題がある」のような書き方も命題

* 文部科学省はゆとり教育の見直しに着手し、新しい学習指導要領（小学校は二〇一一年度、中学校は二〇一二年度から実施）では、削減した単元の復活や授業時間数の増加などが盛り込まれている。

** 筆者の主張がもっとも強く出てくる段落を「展開」と考える。

（意見提示）の典型的なスタイルだ。慣れてきたら自分で書くときにも、疑問形を使わずに、このようなスタイルの問題提起を試してほしい。

第二文の「たしかに、……傾向がみとめられるが、（しかし）教師や教育学者……ではあるまいか」が、四部構成の「意見提示」になっている。〝四部構成読解法〟のツボはここだ。つまり、「意見提示」をおさえてしまえば、筆者が何に反対し（「確かに」のあとの記述）、どういう主張をしようとしているのか（「しかし」のあとの記述）がわかってしまう。「確かに……。しかし……」という言い回しを〝目印〟として、それに近い文脈が本文にないかを探す。これが〝四部構成読解法〟のポイントだ。

課題文の第三段落では、「基本的な知的能力を身につけるべき」とある。これは、「知育を軽視するな（＝知育も必要）」ということだ。理解できただろうか。

例題40 難易度★★

つぎの文を読んで、あとの問いに答えなさい。


言葉の標準はひとつではない。話し言葉と書き言葉。フォーマルな言葉とくだけた言葉。両方とらえていないと、言葉はやせ細っていく。

規範性と利便性という二つの面もある。国語審議会はそこをあいまいなままに議論を進めていると思う。

最近、歴史的かなづかいで書く若い人がいる。雰囲気がある、情緒的、アンティークで面白い、といった理由で使われているのかもしれない。だが、歴史的かなづかいは、

■出典　神奈川大（法）より。課題文の一部を抜粋し、設問を改変。

活用を見てもわかる通り、実に非常に論理的なものだ。戦後の国語改革で、利便性という基準のみから、言葉を変え、文化を殺すようなことをしたのだ。

国語審議会のような制度はあっていい。いつの世でも為政者はそういう目安を作るものだ。

ワープロで「鷗」と打つのも「鴎」と打つのも、手間は変わらない。道具が利便性をカバーできる今のような時代だからこそ、改めて言葉の規範性について考えてみてもよいのではないか。

(1)　この文を四部構成としてとらえなおし、構成メモを作成しなさい。
(2)　この文章に副題（タイトル）をつけるとしたら、どれが適当か。
ア　言葉の利便性　　イ　規範性の復権　　ウ　ワープロが変える言葉

解説

この課題文は、ちょっと補足が必要だ。もともとの課題は、国語審議会報告とそれに対するさまざまな識者の見解が述べられている。実際には六人の識者の意見が出てくるが、これはそのうちの一人、評論家・呉智英《くれともふさ》氏の見解だ。

国語審議会報告に対してイエスかノーかの意見を求められているわけだが、この課題文では、第一段落と第二段落がその「問題提起」になっていると考える。そして、「最近、歴史的かなづかいで書く……」ではじまる第三段落が、「意見提示」と「展開」を合わせ段落になっているので、ここを二つに分解して構成メモを書いてほしい。最後の第四、第五段落は「結論」と考えていい。ポイントは「意見提示」の「確かに……。しかし……」の〝発見〟だ。

解答例

(1)　1　言葉の規範性と利便性をあいまいにしたまま議論を進める国語審議会報告は好ましいか。〔↓問題提起〕
2　確かに、歴史的かなづかいは情緒的と思われているところがある。しかし、歴史的かなづかいは非常に論理的だ。〔↓意見提示〕
3　それなのに、戦後の国語改革は利便性という観点だけで言葉を変え、文化を殺してしまった。〔↓展開〕
4　国語審議会の制度はあってもいいが、言葉を変えるに当たっては、規範性をもっと重視すべきだ。〔↓結論〕
(2)　イ

段落の数や長さにまどわされずに流れを追え！

誤解のないように言っておくと、課題文を読むときは、なんでもかんでも四部構成にあてはめろ、というわけではない。この文章のように、一読して意味がとれるような課題文は、無理やり四部構成にあてはめる必要はない。

ただ、ここでは、あえて練習のために、課題文を四部構成に分けてとらえる練習をする。それによって、筆者の主張がより明確になるだけでなく、プロの書き手の論理展開を分析できるのだ。プロの文章術を盗んで使えるようになれば、〝答案力〟は飛躍的に上がる。

実際の課題文では、例題40のように「意見提示」と「展開」が同じ段落に書かれていると判断しなければならないこともある。また、「意見提示」が延々と続く文章や、「意見提示」を省いていきなり「展開」に持っていく文など、さまざまなパターンがある。

したがって、**段落の数や長さにまどわされず、四部構成の大きな〝流れ〟を頭に描きながら全体を読解する**ことが何よりも重要だ。細かいことは気にせず、柔軟に考えて対応してほしい。

Summary ステップ13のまとめ

小論文の四部構成は、答案を書くためのものだけでなく、じつは読解の大きな武器になる。とくに筆者の主張がつかみにくいときや、要約が必要なときは、四部構成にあてはめるようにして課題文を読んでみる。

ただし、実際の課題文は、キッチリと型にあてはまるとはかぎらない。杓子定規《しゃくしじょうぎ》に〝型〟にはめて読むのではなく、大まかな把握を心がけるのがポイントだ。

Close Up! 四部構成の流れで課題文を追え！

→ 筆者の主張がつかみやすいときは、筆者が何に反対しているかを考えながら普通に読む。

→ 主張がつかみにくいときは……

①どこまでが「問題提起」か
②「意見提示」はどこか
→「確かに…、しかし…」の文脈の発見
③理由や根拠を述べている「展開」はどこか
④筆者はどんな「結論」を導いているか

四部構成の流れを意識して読む！

Step 14
読解・要約トレーニング3
命題づくりから要約、読解まで

課題文は〝対立軸〟をとらえて読め！

課題文を最高の〝教材〟にするトレーニング

課題文は、小論文トレーニングの最高の〝教材〟だ。読むだけで〝使える知識〟を得られるし、覚えておけば使える鋭いフレーズもたくさん転がっている。ここからプロの視点、発想、論理の組み立て方なども学べる。読解トレーニングをさらに発展させよう。

例題41 難易度★★

つぎの文章を読んで、あとの問いに答えなさい。

（…前略…）日本からヨーロッパに来て感じるのは、社会の秩序を維持するための規制の厳しさである。
ヨーロッパに来て勉強したことの一つに、フランスやドイツの都市計画があった。西ヨーロッパ諸国はその全部がいわゆる資本主義国家に属する。しかし、地域経済、とりわけ都市計画はほとんど完全な計画経済といってよいほどである。ヨーロッパの都市計画の歴史は古い。パリの建築物が見事な統一を見せるのも19世紀のオスマンによる都市

■出典
鹿児島大学（法文）より。課題文の一部を抜粋し、設問を改変。

計画に負っている。たんに都市の外観だけではない。たとえば、都市における交通ネットワークのもつ機能の近代性。このことを知るにはフランクフルトの中央駅で各種交通機関に乗り継いでみるとよい。長距離快速、近郊電車、空港専用電車、地下鉄等々が各階別に整然と区別され、しかもそれらの間の連絡がスムースに行なわれるように、ソフト面、ハード面で設計されているのである。

こういった都市計画が可能となるのも、その前提として土地利用計画が存在するからである。ヨーロッパにはさまざまな国があり、多様な文化があるといっても、土地を公共財とみなすという点ではただ一国の例外もない。この思想の源流には、トマス・アクィナスの『神国』以来のキリスト教の哲理があるのであるが、それがたんなる哲理としてだけでなく、現代社会の中で制度化されている点はヨーロッパ文化の底の深さを見ることができるのである。

ヨーロッパの都市計画あるいは都市経営は、ほとんど共同体としての都市といってもよいほどの社会的規制が存在し、それによって都市生活の秩序が維持されている。

その規制はマンションの窓で洗濯物を干すことを禁ずるところまでいくこともあるが、こういった社会的規制と個人の自立性とが底で繋がっているところがヨーロッパ社会の特質でもある。　（新田俊三著『ヨーロッパ経済紀行』日本放送出版協会、一九九四年による）

(1)　この文章を四部構成としてとらえなおし、構成メモを作成しなさい。
(2)　(1)でつくった構成メモをもとに、全体の要旨を二〇〇字以内でまとめなさい。
(3)　「この課題文を読んで感じたことを書け」という設問を想定して命題を立てなさい。

解答例

(1) 1 ヨーロッパは、社会の秩序を維持するための規制が厳しい。(それは本当か。)
2 確かに、西ヨーロッパは資本主義国家に属し、自由な市場経済のはずだ。しかし、地域経済のとくに都市計画は、ほぼ完全な計画経済だ。(それは都市の外観だけでなく、交通ネットワークなどでも徹底されている。)
3 ①規制が可能になる前提に土地利用計画の存在がある。
②その背景には、土地を公共財とみなす思想がある。
③その思想の源流はキリスト教の哲理であるが、それは哲理にとどまらず社会の中で制度化されている。(それがヨーロッパ文化の奥の深さだ。)
4 以上のように、ヨーロッパの都市計画には社会的規制が存在する。しかも、その規制は個人の自立性とつながっているのが特質だ。
(2) ヨーロッパの都市には、土地利用計画に基づく厳しい規制が存在する。その規制は、都市の外観などハード面から交通システムのようなソフト面にまで及ぶ。それが可能になる背景には、土地を公共財とみなすキリスト教の思想がある。これは、思想にとどまらず社会の中で制度化されている。しかも都市の秩序を守るこうした社会的規制は、個人の自立性と矛盾せず両立している。これがヨーロッパ文化の奥深さであり特質だ。
(3) ① 都市計画は自由な市場経済に任せず、計画経済にすべきか。
② ヨーロッパのような都市の規制は好ましいか(日本でも行うべきか／可能か)
③ 社会的規制と「個人の自立」の両立は、日本でも可能か。

解説
この例題は、うまく答えられなかったとしても、それほど気にしなくていい。ここでは、解くことよりもむしろ、これから説明することに「なるほど、そうか」と納得してもらうことのほうが大切だ。こうした積み重ねにより、読解や要約、命題づくりのツボがつかめてくる。あとはひたすらトレーニングだ。

〝対立語〟に注目して筆者の「意見提示」をつかむ

「日本からヨーロッパに来て感じるのは、社会の秩序を維持するための規制の厳しさである」という冒頭の文は、素直に「問題提起」だと理解していい。以前に述べたことのくり返しになるが、「……だろうか」と問いかけて終わるばかりが命題ではない。**結論を言うことによって、それが筆者の「問題提起」であることをほのめかしている**わけだ。

つぎの段落では、ヨーロッパは自由経済のように見えて、実は計画経済の国なのだと述べる。これはまさに「意見提示」だ。「意見提示」の「確かに……、しかし……」の構造を課題文から見つけるには、「しかし」という逆接の接続詞が目印になるが、**〝対立語〟にも注目する**。ここでは「**資本主義**」と「**計画経済**」が〝対立語〟になっている。

〝骨格〟をつなぎあわせて構成メモに戻す

課題文の第二段落にあるパリの建築物や交通ネットワークの機能性の話は、「ヨーロッパの都市計画が完全な計画経済である」ことの具体例を示したものだ。つまりこれは、前の文を説明、補足する〝肉付け文〟だと見抜いて、構成メモから除外しておいてもいい。

課題文の第三段落は、ヨーロッパに社会的規制が根付いている背景、理由などを述べている「展開」の部分だ。ここからつぎの第四、第五段落にかけては、3章のステップ11で説明した〝背景提示型〟の展開パターンが用いられていることに注目してほしい。

簡単に流れを示すとつぎのようになっている。

①ヨーロッパに存在する都市利用計画の背景には、土地を公共財とみなす思想がある。この思想の源流にはキリスト教の哲理があるが、それはたんなる哲理としてではなく、現代社会の中で制度化されている。〔第三段落〕
②その結果（このように制度化された社会的規制によって）、ヨーロッパの都市生活が維持されている。〔第四段落〕
③（さらに、）この社会的規制は個人の自立性とつながっている。〔第五段落〕

課題文の第三段落を大きく《社会的背景》を述べた段落ととらえ、そのあとの第四段落を、そこから導かれる《結果》と考えて読むと、右に示したような流れになる。課題文の最終段落〔第五段落〕は、右の構成では「さらに」という言葉で補っているが、これは、②について補足したものと考えればいい。

このように、課題文を読むときには、一文一文を細かく分析するより、「この段落では大きく何を述べているか」「前後の段落との関係はどうなっているか」というような〝段落単位〟の大づかみな読解を心がける。これが、課題文の読解・要約に威力を発揮する。

樋口流・要約のテクニック

課題文から構成メモをつくると、ここから要約まではほんの一歩だ。要約の練習をするときは、まず課題文の構成メモを作成してから考えるとすっきりまとまる。

基本的には、「問題提起」を省き、「意見提示」の「しかし……」からあとの〝骨格〟を使って要約の文を組み立てていけばいい。

具体例などの〝肉付け〟の部分は二〇〇字以内の要約では、まず入れる余裕がないが、三〇〇字、四〇〇字の要約の場合には、〝肉付け〟の部分も適宜入れていく。

さらに、なるべく自分の言葉で言い換えて、わかりやすくするのもポイントだ。解答例では「社会的規制と個人の自立性とが底で繋《つな》がっている」を「社会的規制が個人の自立と矛盾せず両立している」などと言い換えている。こういうところにも注目して、解答例を検討してほしい。

図解　要約の実践的トレーニング法

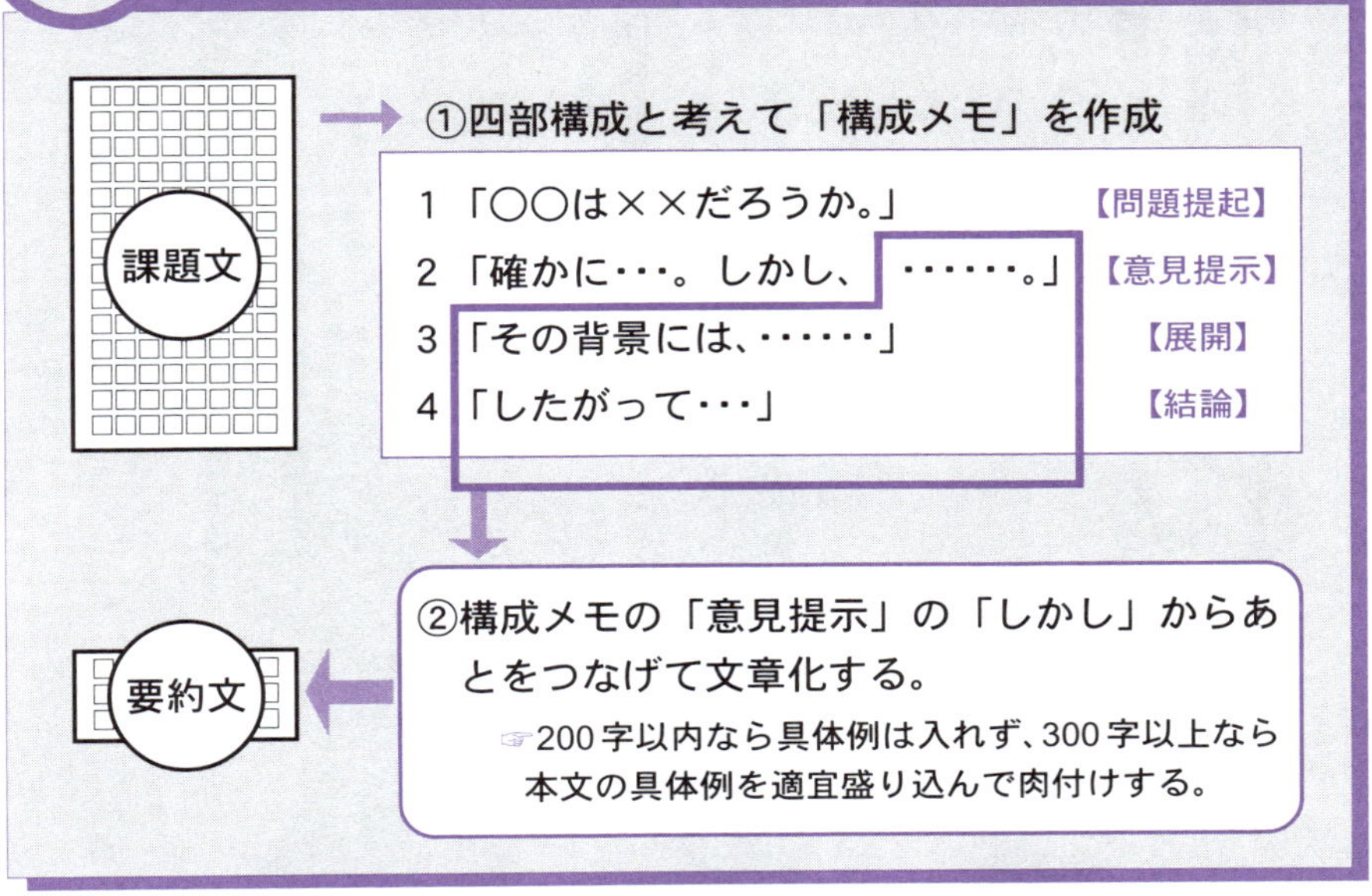
課題文
①四部構成と考えて「構成メモ」を作成
1「○○は××だろうか。」【問題提起】
2「確かに･･･。しかし、･･････。」【意見提示】
3「その背景には、･･････」【展開】
4「したがって･･･」【結論】
要約文
②構成メモの「意見提示」の「しかし」からあとをつなげて文章化する。
☞200字以内なら具体例は入れず、300字以上なら本文の具体例を適宜盛り込んで肉付けする。

「ノー」を言えそうもない命題は避けて通る

では、この課題文からどういう命題が立つだろうか。筆者の主張を命題化すると、「ヨーロッパの都市には厳しい規制が存在する（か）」ということになる。これでは、ちょっと論じにくい。課題文を読めばわかるが、この命題にノーを言うのは無理だからだ。

ようするにこの課題文は、ヨーロッパではこんな都市規制が実際に行われている、ということを伝える〝報告文〟だと考えるのが妥当だ。そこで、「都市の規制は好ましいか」という方向で命題化する（解答例(3)の①と②）。

また、はっきり書かれていないが、筆者は〝対立物〟として日本を想定していることは間違いない。冒頭の「日本からヨーロッパに来て感じるのは……」がそれを示唆《しさ》している。

よく言われることだが、日本の都市は、東京でも大阪でも、いわゆる土地利用計画などはないに等しい。ゴチャゴチャと狭い場所に無秩序にビルを立て、夜になれば毒々しいネオンがあふれる。それは、ヨーロッパのような土地を公共財とみなす思想がなく、社会的な規制もヨーロッパにくらべてはるかに弱いからだ。

この点をふまえると、「日本の都市もヨーロッパ並みに規制すべきか」という命題が出てくる。「イエス」だとありきたりになりそうだが、「ノー」からは鋭い意見が出てきそうだ。たとえば、**日本の都市は、その無秩序性のゆえに活気があり、人間の根源的な生命力に満ちあふれているのだ**とも言える。規制よりも自由や自立を重視する社会のほうが望ましい、という観点からノーを言ってもいい。

書かれていない〝大きな対立物〟を背後からつかむ

例題41の場合、目に見える〝対立物〟は、「自由な市場経済vs計画経済（規制）」だ。だから、これだけから判断すると、筆者は「自由経済」に反対しているのだろうと考えてしまう。たしかに、この課題文のなかだけに限ればそう考えてもいい。しかし、その背後には、もっと大きな〝対立物〟があることを見逃さないようにしたい。

例題41の課題文は、じつは、かなり長い文章のなかの一部分を抜き出したものだ。実際の出題文（鹿児島大学・法文）の全体を通して読むと、「日本社会はヨーロッパとくらべて成熟度が低い。もっと成熟すべきだ」という主張が展開されている。

つまり、ここで抜き出した文章は、「日本とヨーロッパを比較すると、ヨーロッパがいかに成熟しているか」ということを具体的に都市計画を例に傍証した部分なのだ。ヨーロッパを例に出すことで、日本の非成熟性をあばきだそうとする隠れた狙いがここにある。ようするに、この課題文で筆者がいちばん〝反対〟しているのは、「日本の非成熟性」なのだ。

課題文を読むときも、このような〝より大きな対立物〟をつねに考えてほしい。それは、直接書かれているとは限らない。チラッとほのめかされていることもあるし、まったく書かれていないこともある。冒頭の「日本からヨーロッパに来て感じるのは、社会秩序を維持するための規制の厳しさである」は、じつは「日本は厳しくない（好ましくない）」と言いたいのだと読み取ってほしい。このような〝反対側の意味〟をくみとれるようになると、読解力は飛躍的に伸びる。

例題42 難易度★★★

つぎの文章を読んで、あとの問いに答えなさい。


一九世紀後半、文明化の開始と産業化の本格化とともに、人びとは移動を一挙に本格化させる。人びとは生地を離れ、村から町、町から都市へと出かけ、あらたな生活を開始し、かつてない体験を重ねるようになる。移動の理由はさまざまで、移動の数だけ理由はあり、個人のなかにも複合的に移動の原因は存在するが、移動にともない、生地やそれまでの居住地が「故郷」となり、同時に、「故郷」を語る現時の場所が自覚化される。ア「故郷」と都市とがともに発見され、意識化されるのである。

「故郷」については、すでに厖大なことばがつむぎ出され、多くのことがらが語られている。人は自らを語るとき、生地を出発点におき、そこを「故郷」としてとらえてみせる。あらゆる自伝は生地とそこでの日々から書きおこされ、「故郷」をさまざまに語ってみせる。「故郷」は人びとにとって始源の時間を体験した場所＝空間であり、人は、しばしばノスタルジアの感情でおおって「故郷」を描き出す。

「故郷」はこうして、それぞれの人にとってかけがえのない、切実な場所＝土地として認識され、意味づけがなされるが、「故郷」はさまざまな場所＝空間で語られ、公共の空間でもおおっぴらに語られる。たとえば、サブカルチャーの領域は、「故郷」を語る拠点のひとつである。歌謡曲、映画、漫画などでは、とぎれることなく「故郷」を描き、唱いつづけている。学校教育でも、唱歌は「故郷」を語りつづける。「故郷の空」、「故郷の廃屋」、「故郷を離るる歌」から、「故郷」にいたるまで、題名に「故郷」がくみ

■出典
お茶の水女子大（文教育）より。

設問を改変。

こまれるものがつづき、「旅愁」のように「恋しやふるさと、なつかしき父母」をくり返す唱歌が生徒たちに教えられた。

このことは、「故郷」が個人の次元に位置づけられるとともに、共同性をもち集団の次元をあわせもつことを示している。

（成田竜一『「故郷」という物語』より）

(1)　課題文の第一段落で、筆者は何に反対しているのか。簡単に説明せよ。
(2)　傍線部アについて、具体例をあげて二〇〇字以内で説明せよ。
(3)　傍線部イについて、具体例をあげて二〇〇字以内で説明せよ。

出題者が引いた傍線部は、読解の〝キー・フレーズ〟

非常にわかりやすい文章なので、意味が取れないことはないだろう。ただ、筆者が何に反対しているのかが明確には書かれていない。このため、筆者がなぜ「故郷」にこだわってあれこれ書くのかがよく理解できない人がいるかもしれない。

それを解決するキー・フレーズが、第一段落の傍線部アだ。「『故郷』と都市とがともに発見され、意識化される」ということは、人びとが都市に移動する前はそもそも「故郷」などという概念はなかった、ということになる。つまり、「故郷」は実体としてもともと存在しているものではない。それは具体的な土地を指す言葉ではなく、個人が、そして共同体が生み出した幻想でしかない、ということだ。それ以上のことは、この課題文には書かれていない。

解答例

(1)「故郷」はもともと実体としてあるものだ、という考え方。
(2)特別おいしいと思わずに日常的に食べていた故郷の特産物が、都会で暮らすようになってから無性に懐かしく、食べるとてもおいしく感じたりする。これは、都会に出てきたことで「故郷」が意識化され、発見されたということだ。同時に、「故郷」に与えられた〝暖かさ〟〝親しみ〟などのイメージを通じて、〝冷たい〟〝親しめない〟ものとしての「都会」が初めて意識化され浮かび上がってくる。
(3)「みそ汁」はただの飲み物を指し示す言葉ではなく、多くの日本人にとって「母＝故郷」のイメージを強く喚起させる言葉だ。つまり、「故郷」は、個人的な思い込みや幻想によって意味づけられるだけではない。それは、歌や文学、映画などを通じて語られ意味づけられることで、個人を超えた共同性を帯びているのである。

鋭いフレーズは盗んで使え！

一つ補足しておくと、「近代／ポストモダン」がテーマの課題文には、これと似たような議論が出てくる。たとえば、「『子供は純真で無垢《むく》な存在だ』という概念は普遍的なものではなく、西洋の近代社会が意味づけ発見した」という、けっこう有名な「子ども論」がある。

つまり、私たちが自然で普遍的だと思い込んでいることも、じつは近代によって意味を与えられ発見されたものだ、ということだ。こういうフレーズを理解して覚えると（丸暗記では使えない！）、鋭い意見として答案に活用（転用）できる。

例題43 難易度★★★

つぎの文章は朝日新聞の「素粒子」というコラム（一九九七年六月四日夕刊）の全文である。これについて、あとの問いに答えよ。

日本人は、「構造」が苦手だ。つい「時間」にすり替えてしまう。
＊　＊
時間に抗して構造をつくるのは風雅ではない。〈日々旅にして旅を栖《すみか》とす〉（芭蕉）。これにひかれる。政治もまた風雅、いや風化を好む。
＊　＊
財政の改革は、構造を組み替えないで、圧縮と繰延べによる。難題は、先送りか、たなざらしにする。そうして時間による風化を頼む。
＊　＊
〈一つ脱いで後ろに負ひぬ衣替え〉（芭蕉）。そうして旅を続ける。

(1)　筆者は、何に反対している（何を批判している）のか。四〇字以内でわかりやすく説明せよ。ただし、「財政改革の先送りを批判している」という解答は認めない。
(2)　筆者が批判しているようなことに当てはまる事例をあげなさい。
(3)　筆者の主張に「ノー」の立場で反論したい。「意見提示」の「確かに……。しかし……」のスタイルを用いて反論を試みなさい。

■出典　筑波大（第二学群）より。設問を改変。

「日本文化」への批判をくみ取って表現する

筆者が「財政改革の風化」を批判しているのは、もちろん明らかだ。しかし、本当に反対しているものは、その背景にある日本文化の一面だということを読み取ってほしい。

解答例

(1) ①根本的な変革を嫌い、解決を時間に委ねる傾向がある日本人の意識。
②現実世界を俗なものと考え、うつろいゆくものを愛する日本人の美意識。
③情緒に流されて物事を分析的にとらえようとしない日本人に独特の思考法。
(2) ①地震などの災害の教訓が生かされず、根本的な災害対策が先送りされている。
②戦争責任、個人賠償の問題を先送りしてアジアの不信感を買っている。
③日本人は流血による革命を好まず、おだやかな変化を望む傾向がある。
(3) ①確かに、日本人には、物事の根本的な解決を先送りする傾向がある。しかし、それは急激な変化がもたらす混乱を避ける知恵でもあるのだ。
②確かに、日本人は現実を変革しようとする意識に乏しい。しかし、それは対立より融和を求める日本人の伝統的な価値観からくるもので、それによっておだやかで住み心地のいい社会が維持されるプラス面があることも忘れてはならない。
③確かに、日本人は現実の社会から目をそらし、時間の経過に身をゆだねる傾向がある。しかし、それは〝はかなさ〟や〝時のうつろい〟の美を重視する日本の伝統的な美意識からくるもので、その美意識は否定されるべきものではない。

NG解答例（よくない解答例）

(3) 確かに、日本人は物事の根本的な解決を先送りする傾向がある。しかし、いまは構造改革よりも景気対策を優先させるべきだ／しかし、芭蕉のような風流な生き方もすばらしい／しかし、そんなに簡単に政治や経済の構造は変えられないのだなど

Summary ステップ14のまとめ

課題文を読んだときは、まず「筆者が何に反対しているのか」を考えてみる。要約する場合は、いったん課題文を四部構成の〝型〟による構成メモに戻すと考えやすい。

また、課題文の〝外〟に出て具体例を考える、課題文の〝外〟にある大きな〝対立軸〟を思い浮かべる、といったことも、読解の大きな助けとなる。このような読解法は、単に筆者の主張がつかみやすくなるだけでなく、そのまま実際に答案を書くときの〝ネタ〟にもなるのだ。

Close Up! 樋口流・課題文読解の極意

1 四部構成の流れを頭に描いて読め！
→とくに難解な課題文、長い課題文のときに有効

2 課題文を「構成メモ」に戻してみよ！
→とくに要約のトレーニングをするときに有効
→慣れてきたら構成メモをつくらずに要約する

3 背後にある大きな“対立軸”をとらえよ！
→筆者が何に反対しているかを考える
→本文に出ていない具体例、状況を思い浮かべる
→“対立軸”をとらえて社会性のある命題を立てる

図で読む対立軸の知識④

国家の役割

国際的役割を重視 VS **自国の利益を優先**

【背景】国際化の時代を迎え、自国の利益より国際貢献を優先させるべきという理念が台頭。

国際社会での責任を果たし、国際貢献をする

〔具体例〕
・自由貿易の推進
・ＴＰＰ交渉参加
・国際条約の批准

【背景】そもそも近代国家における国家の役割は、「国民の財産、権利を守る」ことにある。

国内問題の解決を優先し、国民の利益を守る

〔具体例〕
・保護貿易
・外国人労働者受け入れの拒否

問題点

しかし･･･

自由貿易主義
ＷＴＯ（世界貿易機関）
↓
国際分業の推進
発展途上国に不利益
先進国の利害対立

グローバル・スタンダード
国際的な統一規準の創設
↓
欧米価値観の強要
文化の独自性の喪失

しかし･･･

保護貿易主義
国内産業の保護・育成
↓
自由主義経済に逆行
経済摩擦
国際競争力の減退

ナショナリズム
↓
民族主義・国粋主義
外国人の人権抑圧
国際社会から孤立

5章

反論・異論トレーニング

論理力・答案力に磨きをかける！

●矛盾・問題点を見抜く

反論トレーニングで〝筋力アップ〟！

〝反論力〟がなければ「いい小論文」は書けない

私自身をふり返ってみると、小さいころから口が達者な〝ヒネクレ者〟だった。教師の言うことにはいちいちたてつき、ああだこうだと逆にやりこめる。高校時代には、それでほとんどの教師を敵に回したこともあった。

私がいま小論文を教えているのは、そういう性格だったからかもしれない。はっきり言うと、私は小論文、論文、エッセイの類を書くのが得意中の得意だ。それは、相手の論理の矛盾をついて逆にやりこめる、みんなが言ったことはとにかく反対するなど、そういう〝人の意見に反論する訓練〟を積んできたことと無関係ではないように思う。

「いい小論文」を書くには、なにより〝反論力〟が必要だ。課題文に無理をしてでも「ノー」を言えないかを考える。課題文の筆者が何に反対しているのかを見つける。自分で考えついたアイデアを自分で反論してみて、そこからさらに鋭い意見を引き出す……。など、すべての局面で〝反論力〟が必要になってくるのだ。

この章では、ずばり「反論力を高める」ことを主眼とするトレーニングを行う。それは、小論文の実力をワンランク底上げする〝筋肉増強剤〟のような効果を発揮する。

まずは、〝矛盾・問題点発見トレーニング〟からはじめよう。

例題44　難易度 ★

つぎの文章はサンプリング調査に関する事例である。調査の方法や結論の出し方などに問題点があれば指摘せよ。

《事例1》A市の若者がどのようなテレビ番組を見ているのかを調べるために、A市にあるB大学（男女共学）の一年生から四年生を各学年ごとに無作為に二五人ずつ（合計一〇〇人）選んで調査した。その結果に基づいて「A市の若者のうちの約五〇％はX番組を見ており、約三〇％はY番組を見ている」と報告書に記述した。

《事例2》ある工場では、工場排水の水質保証のため、一カ月に八回～一〇回の割合で放流口で採水して各種有害物質の濃度を測定している。工場は毎日午前八時から午後五時まで操業しており、採水は月曜日と木曜日の午前九時に行われる。過去一年間のデータに基づくと、有害物質の濃度は非常に低いレベルで安定している。

《事例3》C市の小学一年生から六年生を各学年ごとに無作為に五〇人ずつ（合計三〇〇人）選んで〝足の大きさ〟と〝知っている漢字の数〟を調査した。その結果、「足が大きい児童ほどたくさんの漢字を知っている」ことが分かった。そこで、「C市の児童においては足の大きさが知能に関係する」と報告書に記述した。

■出典
岡山大（後期・経済）より。

解答例

《事例1》①調査対象が偏りすぎている。特定大学の大学生という特殊な集団で、しかも年齢区分も狭く、とても「若者」を代表しているとは言えない。
②報告書の「若者」の定義があいまい。年齢区分で「若者」を定義すべき。
《事例2》①採水時間に問題がある。午前九時は工場の操業開始直後なので、有害物質の濃度の値が低く出る可能性が高い。広い時間帯で調査すべき。
②調査する曜日の限定に問題がある。つまり、調査を知ってその曜日の午前中だけは作為的に低い値が出るような操業体制をとるかもしれない。
《事例3》①異なる学年（年齢）にまたがる調査対象に問題がある。なぜなら、高学年ほど足が大きく、知っている漢字数も増える。同一年齢の調査が必要。
②「知能」の定義があいまい。漢字をたくさん知っている人が知能が高いというのも疑問。

解説

〝肩ならし〟のつもりが、意外に手こずってしまった人がいるかもしれない。とくに解説はしないので、解答例をよく読んで検討してほしい。

この例題では、どれもずさんなサンプリング調査の例なので問題点も指摘しやすい。出題者の意図としては、論理的、科学的な思考能力を試しているのだと思うが、そこまで高級なものでもない。ちょっとしたパズル、頭の体操といったところだ。

しかし、これはかなりいい反論トレーニングにはなる。実際の試験ではこの形式で出てくることがあるので、志望校対策としても効果的だ。

パズル解きの感覚で、つぎの例題もやってほしい。

例題45　難易度★

つぎの文章を読んで、あとの問いに答えなさい。

ある男がこんな話をしています。
「いやあ、まいったよ。俺はホテルのフロントで働いているんだけどさ。この前、一〇人の団体の予約が入って、一人一部屋ずつ、一〇室用意しろ、っていうんだ。その通りにして待っていたら、その団体の最初の客がきた。なんと、二人できたんだ。聞いてみたら、急に予定が変わって、一人団体のメンバーが増えたっていうじゃないか。もうホテルは満室で、あと一部屋の追加なんてできやしない。困った俺は、とにかくその二人に、とりあえず用意した一〇室のうちの一番目の部屋に入っていてもらったんだ。そうしたら、三人目の客がきた。今度はひとりだったよ。だから、順当にその人には二番目の部屋に入ってもらった。四人目の客には三番目の部屋。次の客には四番目の部屋。そうやって、順々にさばいていったんだ。そうしたらどうだい。最後にきた一〇番目の客を、九番目の部屋に案内することになるじゃないか。俺はほっとしたよ。で、残った一〇番目の部屋に、最初の二人のうち一人に入ってもらって、めでたくどの部屋も一人ずつ泊められた、ってわけさ」

〔問い〕この男の誤りを指摘しなさい。

■出典　山梨大（教育）より。

Step15　矛盾・問題点発見

解答例

最後にきた客を「一一人目」としないで「一〇番目」と数えたところが誤り。

解説

この手の問題は、すぐに誤りを見抜ける人と、けっこう考え込んでしまう人に分かれるだろう。迷路にはまると意外に抜け出せないかもしれない。

最初に二人一緒、あとは一人ずつきたので、「きた順番」で数えると、最後の一〇番目は通算で一一人目になる。つまり最後の客は一〇番目の部屋に入ることになるというわけだ。図を描いてみるとわかりやすい。これ以上親切に解説するのもやぼなので、どうしてもわからない人は、親や友人に出題して聞いてみるといい。みんなで考えてもわからないというケースは、ここでは想定していない。

では同じシリーズでもう一題。

例題46 難易度 ★★

「計画出産はよくないね。もし完全な計画出産の社会になってごらん。男を欲しがる家と女を欲しがる家がまったく同数なら問題はないが、男を欲しがる家の方が多かったらどうなる？　女の子が生まれたら、みんな男の子が欲しくて次の子をつくるだろ。それも女の子だったら、また次の子を欲しがる。だから、結局は女の子の方が多くなっちゃうのさ。逆の場合も同様だ。つまり、計画出産になったら男女のバランスは狂うのさ」

〔問い〕この発言の論理の誤りを指摘しなさい。

■出典　山梨大（教育）より。

解説

「計画出産」は〝男女の産み分け〟のことではない。避妊具やピルなどにより、子供をつくる・つくらないを人為的にコントロールするのが計画出産だ。だから、「計画出産なら、男が欲しい家に女の子が生まれるわけがない」という指摘は当然NG。

前提としては、男が産まれる確率、女が産まれる確率は、ほぼ同率の五割と考える。男の子がほしい家で女の子ばかり産まれているケースでは、確かにその家の中だけを見れば女の子の割合が多くなる。しかし、全体で考えれば、女の子が増えることはありえない。なぜなら、産まれてくる子供の数の男女比は変わらないので、どこかの家で女の子が増えていれば、どこかの家では男の子ばかり、ということになっているはずなのだ。

女の子の割合が全体として増えるのは、男女の出産比そのものが変わるか、男女の産み分けが可能になって女の子を望む家が多い場合に限られる。

解答例

男女の出産比の全体が一定であることを無視し、極端な例をつくって、それを全体に適用しているところが誤り。(男女の出産比が五割ずつで不変なら、希望する性の子が産まれてくるまでいくら生み続ける家があっても、全体として産まれてくる子の男女比は五割で変わらない。つまり、計画出産では男女比は変わらない。)

〝投書反論トレーニング〟は、気軽にできて効果てきめん

ここまでの例題では、どれも相手が致命的なミスや論理矛盾をおかしているので、問題点も指摘しやすい。しかし、課題文の筆者は一流の論客ばかりなので、こんなバカみたいなボロは

絶対に出さない。そこで、反論のトレーニングをだれかの書いたものでやる場合は、プロではなくアマチュアの文章がいい題材になる。身近にあって使えるのが**新聞の投書欄**だ。ここではいろいろな職業、年齢の人が、身近な問題や社会問題について意見を述べている。よく読むとけっこうスキのある文章が多いので、反論トレーニングには最適だ。勝手に引用するのはまずいので、こちらで創作した〝ありがちな投書〟を題材に練習してみよう。

例題47 難易度★★

つぎの文章は、ある新聞に載った読者からの投書である。これを読んで、筆者の主張のおかしい点を指摘して反論を試みよ（いくつでも可）。

電車内での携帯電話全面禁止を

つねづね感じていたことだが、電車内での携帯電話の使用をもっと厳しく規制できないものだろうか。車内放送で使用自粛を促すアナウンスが流れているが、まったく効果がない。いっそのこと、携帯電話の電波を完全に遮断《しゃだん》する装置を電車に設置したらどうか。技術的には不可能なことではあるまい。

そもそも電車内は公共の場所だ。公共の場では、他人に迷惑をかけないことがまず基本だ。だが、いまの若者は親からそういうことを教わらずに育っている。親が公共のルールを教えられないのなら、親に代わって社会が教えてあげるべきだ。それには、口で言うよりも、車内の携帯電話を通じないようにするのがいちばんだ。

（調布市　団体職員　57歳）

〝主張の根拠〟に狙いを定めて〝中央突破〟をめざす

なかなか勇ましい主張だ。だが、かなり感情的になっているところがある。感情的になるとろくなことがないという典型的な例だ。

ただ、これは人ごとではない。添削をしていると、この投書と同じようなタイプの答案がけっこう目につく。悪い箇所を指摘されてはじめて、「ああ、なるほど」と気づく人も多い。これは〝反論力〟が弱い証拠だ。〝反論力〟さえあれば、自分の答案を読み直したときに、ここがまずい、あそこがおかしいということに気づくはずだからだ。

この投書も、自分の答案を鏡に映したものだと思ってほしい。「人の振りみてわが振り直せ」ということわざのとおりだ。

この投稿者の主張は明快で、「電車内での携帯電話を使えなくせよ」ということだ。反論を試みるときは、筆者の主張の根拠に注目し、その妥当性を問うことに全神経を集中させる。それさえひっくり返せば、そこで勝負は決まってしまうからだ。だから、ザコは相手にせず、まずは敵の〝大将〟の首を真っ先に狙う。これが、反論のセオリーだ。

〝大将〟の首がどうしても取れないときは、中央突破をあきらめて部分的な戦いでポイントをあげていくしかないが、小刻みにポイントを稼いでも敵の城はなかなか陥落しない。チマチマとどうでもいいようなことばかりつっついていると、「揚げ足を取るな！」と審判団から一《いっ》蹴《しゅう》されてしまう。解答例をつぎのページに示すが、先に示しているものほどポイントが高く、後にいくほどポイントは下がっていく。

解答例

①携帯電話を強制的に禁止せよとの主張の根拠に説得力がない。筆者は道徳やルールを教える手段としての禁止措置を訴えているが、これは権力による一方的な個人の自由の制限、抑圧である。公共ルールはそもそも社会が強制するものではなく、共同体のメンバーが自分の内側につくりあげる見えない自己規制のことだ。
②携帯電話の車内使用が、親のしつけ不足からきているとする論が短絡的で強引。いまの若者が親から公共のルールを教わらずに育ったと断言するのも言い過ぎ。いずれも論理の飛躍、すりかえでしかない。
③筆者が「若者」だけを想定して論じているのは独善的すぎる。携帯電話の使用は若者だけにかぎらない。ビジネスマンが仕事で電車内で使う頻度もかなり高い。
④携帯電話による「迷惑」とは、どういうものかが検討されていない。振動で着信を知らせる携帯で小声で会話するなら迷惑ではない、という議論も成り立つ。
⑤使用を控えることを呼びかける車内アナウンスが「まったく効果がない」というのも断定のしすぎ。比較、検証などの手続きがなく、決めつけにすぎない。

解説

解答例にあげた以外にも、まだ問題点はあるかもしれない。反論というのは、やろうと思えばいくらでもできる。この意見のここがおかしい、矛盾している、などとあら探しをしながら読むうちに、自然に〝反論力〟が身についてくる。

新聞の投書欄を使った〝反論トレーニング〟は気軽にできて効果が高いので、ぜひ、きょうからでも新聞を広げて試してほしい。

Summary ステップ15のまとめ

反論の要領がすこしはわかってもらえただろうか。投書でも課題文でもいいが、何かを読むときには、このような批判的な視点をつねにもっていてほしい。

反論できそうにないこと、自分の気持ちとしては賛成だということでも、あえてかみついてみる姿勢、これもけっこう必要だ。そうすることで、人が気づかないようなおもしろいアイデアを得られることもある。

さらに、自分が答案を書いたときには、ほれぼれと眺めるだけではなく、手厳しく反論を試みてほしい。それができるようになると、小論文の〝答案力〟は飛躍的に向上する。

反論のポイント、目のつけどころなどを下にまとめておく。親や教師と話をするとき、新聞を読むときなど、日常のなかでも〝反論トレーニング〟を実践してほしい。

Close Up! 反論力を鍛えるトレーニング

1 身近にある“反論ネタ”を活用せよ！
→新聞の投書欄・親や教師の説教・友人との会話など
→テレビの討論番組で「鋭い反論」の仕方を学ぶ

2 とりあえず“NO！”と言ってみよ！
→気持ち的には賛成でも、あえて否定してみる
→最初にノーを言って、理由はあとから考える

3 相手の主張の“根拠”を切り崩せ！
①何を根拠に相手がそう主張しているかを考える
②主張の根拠に論理的矛盾、弱点がないかを探す

反論・異論トレーニング2

●形式に合わせて反論する

「鋭さ」を引き出す正しい〝ケチのつけ方〟

反論の〝瞬発力〟を高めるトレーニング

小論文の試験では、どんなテーマの問題が出されても、とりあえずその場で何とか処理して答案を書かなければならない。ここで必要になってくるのが、〝思考の瞬発力〟とでもいうべき力だ。

パッパッと頭を切り換えながら、いろいろな角度でテーマをながめてみる。筆者の主張に反論できないかを試してみる。反論できそうになければ、課題文には書いていない〝イエスの根拠〟を探してみる。それを探しているうちに、突然、いいアイデアがひらめく……。

このようにめまぐるしく頭を回転させていくうちに、「これなら書けそうかな」という方向性が見えてくる。当然、頭の〝回転数〟が高いほどいいアイデアにぶち当たる確率も高い。

いいアイデアというのは、沈思黙考《ちんしもっこう》、じっと一点を見つめてひらめくものではない。豆腐《とうふ》の角でもなんでもぶつかれるものにぶつかり、はねかえってはまたぶつかって、というくり返しのなかでおもしろいアイデアを思いつくのだ。

このような〝思考の瞬発力〟を養うために、「とりあえず反対してみる」という反論トレーニングがかなり有効だ。根拠を先に見つけてから反論するのではなく、とにかく最初に「ノー」

と言ってしまう。理由はあとから考える。無理やりにでもノーを言うことで、根拠を示さなければならない状況に自分を追い詰める。そうすると、何かを言わなければいけないから、いやでも何かを言うはめになる。このプロセスで〝思考の瞬発力〟が鍛えられるのだ。

例題48　難易度★★

ボランティア活動に関するつぎの意見を読んで、あとの問いに答えなさい。
ア見返りを期待するのはボランティアとはいえない。ボランティア活動は、自己犠牲の精神にもとづくイ純粋に利他的*な行為であるべきだ。

(1)　傍線部アについて、つぎのように反論した。空欄A、Bに適当な語句を入れなさい。
「そんなことはない。確かに、［　A　］のような見返りを期待するのはいいこととは言えない。しかし、『見返り』という言葉をもっと広い意味でとらえれば、そこには［　B　］なども入ってくる。それすらも求めてはいけないとするなら、そもそもボランティアは成り立たなくなる。」

(2)　傍線部イを否定するつぎの文の空欄に、適当な例を入れなさい。
「そもそも『純粋に利他的な行為』としてのボランティアは存在しないのではないだろうか。ボランティアには、『自分のためにする行為』という側面がかならずある。たとえば、［　　　］」。

*【利他的】「利他」は、自分を犠牲にして他人に利益を与えること。「利己」の対義語。

言葉を〝再定義〟して相手をギャフンと言わせる

「見返りを期待するのはボランティアではない」という見解を、どうすれば否定できるだろうか。設問(1)で用いたのは、「言葉の定義」による否定だ。つまり「見返り」という言葉をお金や物に限定せず、満足感や達成感、連帯感などの〝精神的な価値〟も含めたものに定義しなおしてみせるのだ。

「満足感や達成感すらも期待してはいけない」のかどうか。そんなことはないはずだ。ボランティアをしたときには、もちろん他人はそれで利益を得るが、自分にも何かしら返ってくるものがある。

設問(2)では、その立場から「純粋に利他的な行為」を否定する論を組み立てている。(2)の空欄には、ボランティアをすることでこんな精神的な「見返り」を得られている、という具体例を一つ入れればいい。

解答例

(1) A お金や物品 B 満足感（充実感、達成感など精神的な価値）
(2) ①ボランティアをしたときに得られる充実感は、確実に自分のためになっている。
②人助けをすることによって、自分も生きている、助けられているという実感を得られるのだ。
③他人や社会の役に立ちたいと思ってボランティアに参加すること自体、自己実現の手段としてボランティアを考えていることになるのだ。

「確かに……。しかし……」の形式に合わせて反論する

例題48では、「見返り」という言葉をとらえ、これを自分なりに定義して反論の突破口とした。ある言葉に注目し、筆者が想定しているものとは別の解釈や意味を与えて筆者の主張をあっさりとひっくり返すのは、実戦的な反論のテクニックの一つだ。
そして、これを「確かに……。しかし……」の形式にあてはめて反論すれば、そっくりそのまま四部構成の「意見提示」のところで使える。つぎの例題で実際に試してみよう。

例題49 難易度 ★★

つぎの(1)～(3)の意見を否定したい。文中にある言葉を再定義したり、別の解釈を示すなどして反論を試みなさい。その際、「それはちがう。確かに……。しかし……」の形式にあてはめて反論を組み立てなさい。
(1) 戦後の高度経済成長を経て、日本は豊かな国になった。
(2) 都市の中にも公園や街路樹の緑など、自然に親しむ場が意外にたくさんある。
(3) 日本人が民族紛争や人種差別などを身近な問題として理解できないのは、日本が単一民族の国家だからだ。

解説

ヒントを示すと、(1)は「豊かさ」、(2)は「自然」、(3)は「単一民族国家」という言葉に注目して、「しかし」のあとにそれを否定するような定義や事実を示すといい。

解答例

(1) それはちがう。確かに、日本は経済的な意味での豊かさは実現しているかもしれない。しかし、心のゆとりなど精神的な意味での豊かさ(生活の豊かさ、文化的な豊かさ…など)は、まだまだ実現されていない。
(2) それはちがう。確かに、都市にある緑は人々にうるおいを提供してくれる。しかし、そもそも自然とは「人の手が加えられていない状態」を意味する(公園や街路樹のように人の手が加えられた緑は「自然」とは言えない)。したがって、「都市には自然に親しむ場がたくさんある」という認識はまちがっている。
(3) それはちがう。確かに、日本はアメリカのように多民族がひしめきあっている国家ではない。しかし、在日朝鮮人やアイヌ人などが住む日本を単一民族ととらえるのは認識不足だ。

解説

課題文を読んでいると、たとえば「豊かさ」や「自然」などの言葉を厳密に定義せずに使われていることもある。「日本は豊かな国になった」のは確かに事実だし、実際にそう思っている人も多い。普通に読んでいると何も感じない。

しかし、あえてそこで反論してみる姿勢を持つと、鋭い意見を引き出せることが多い。そのためのトレーニングは、参考書の中だけでなくふだんの生活でもできる。

たとえば、新聞の投書欄、電車の中釣《なかづ》り広告、雑誌のコラム、テレビのニュース解説など、題材はいくらでも転がっている。何か目についたときに、「いや、それはちがう。確かに……。しかし、……」と反論するトレーニングを、日常生活でもとり入れてほしい。

「そもそも……」と定義を提示する反論トレーニング

例題49の(2)では、「そもそも自然とは……」という形式を使って反論の切り口をつくっている。これは、3章のステップ10で示した〝定義提示型〟の展開パターンだ。

何かに反論するときには、「そもそも……」と、もともとの定義を示すやり方はかなりよく用いられる。このスタイルを用いた反論は、それがそのまま「展開」の〝骨組み〟として使えるので、〝展開力〟のトレーニングにもなる。

例題50　難易度★★★

つぎの意見に反論したい。あとに示す形式にあてはめて、反論を試みなさい。
(1)　最近の若者の使う日本語は、年配者にはよく理解できない。日本語の乱れは、いっそう深刻になっている。
(2)　死刑制度の存続に賛成だ。なぜなら、それは凶悪犯罪に対する究極の報復措置であり、犯罪の抑止効果を発揮するからだ。
〔形式〕
(1)　「そもそも言語は……。つまり、日本語は乱れているのではなく、………」
(2)　「そもそも法とは……。犯罪者といえども人間であり生きる権利を持つ。しかし、死刑制度は……。したがって、……」

解説　(1)では、「乱れ」という言葉に着目する。「日本語が乱れている」と判断するには、「正しい日本語」の存在が前提となる。正しい日本語が存在し、それがずっと変わらないということがありえるだろうか、と考えてみるといい。もしそうなら、いま、きみたちがわざわざ古文など習う必要などなかったはずだ。
そこで、「日本語は乱れているのではない」と考える。「乱れ」ていないとするならば、それは何と表現すればいいのか。
(2)では、もっとも根本的な「法の意義」をとりあげて真っ向から勝負を挑む。「犯罪の抑止効果」に着目しても、手元にデータがないので、効果のある、ないについて深く論じることはできない。そこで、「そもそも法とはどういうものか」を示し、その定義に照らして死刑制度が望ましいのかどうかを論じる。

解答例
(1)　①そもそも言語は時代とともに変化していくものだ。つまり、日本語は乱れているのではなく、ただ単に変化しているにすぎない。
②そもそも言語は人間の思考そのものであり、時代とともに人間の思考が変われば、当然言葉も変化する。つまり、(以下、①に同じ)。
(2)　そもそも法とは(人を裁くものではなく)万人の基本的人権を保障する体系だ。犯罪者といえども人間であり生きる権利を持つ。しかし、死刑制度は法の本来の意義を否定し、生きる権利を奪い去っている。したがって、死刑制度は廃止すべきだ。

Summary ステップ16のまとめ

鋭いアイデアは、自然に浮かんでくるものではない。それはむしろ、無理やりほじくり出す、強引に引きずり出すものと言ったほうがいいかもしれない。そして、否定や反論は、そのための大きな〝武器〟になる。

とりあえず、いきなり「それはちがう」と否定してみる。理由はそのあとで考える。この反論トレーニングは、〝思考の瞬発力〟を高めるためには有効だ。

その際、答案の〝型〟に合わせて反論してみるといい。ようするに、実際に答案を書くことを想定して、「確かに……。しかし……」の形式にあてはめて反論したり、「そもそも……」という〝定義提示型〟の展開パターンにあてはめて反論を試みるのだ。それにより、〝反論力〟と〝答案力〟がリンクした、より実戦的なトレーニングを行えるというわけだ。

Close Up! 反論の“形式”をモノにする

1 “言葉の再定義”による反論

《例》「日本は豊かになった」→「『豊かさ』とは精神的な充実感だ」→「日本は豊かになっていない」

2 「確かに･･･、しかし･･･」の形式で反論

→「意見提示」の形式にあてはめて反論する
《例》「確かに日本は物質的には豊かになった。しかし、精神的な意味での豊かさはない」

3 「そもそも･･･」の形式で反論

→“定義提示型”の形式にあてはめて反論する
《例》「そもそも『豊かさ』とは、精神的なゆとりや充実感のことを言う。しかし、現代の日本は･･････。したがって、日本は豊かになっていない」

〝うしろ側〟から「ノー」の根拠を引き出す！

●背景・対立軸から反論する

教育の二つの〝理念〟と体罰の関係は？

例題51 難易度★

つぎの意見を読んで、あとの問いに答えなさい。

いまの学校には、校内暴力やいじめ、学級崩壊などを抑止する力がない。これは、体罰を行わなくなったことと無関係ではない。他人に危害を加えたり、集団のルールを平気で踏みにじるような生徒をこれ以上放置することはできない。体罰は法律で禁止されているとはいえ、言葉で言い聞かせても理解できない場合は、心身を傷つけない範囲で体罰を認めてもいいのではないだろうか。

(1) 右の意見は、条件つきながら体罰を容認する主張である。このような考え方の背景にある教育の理念とはどのようなものか。また、その理念と〝対立軸〟をなす教育の理念とはどのようなものかを考えなさい（答えは書かなくてもよい）。

(2)　(1)をふまえたうえで、つぎの形式を用いて反論を展開しなさい。
「体罰容認の背景にある教育の理念とは、……である。しかし、現代の民主主義社会では、……という教育の理念のほうがふさわしい。したがって、……」

対立する二つの理念を示しながら反論する

ここでの反論は、背後で対立する二つの理念を示し、どちらがふさわしいかを論じるパターンだ。左の解答例の「したがって」のあとは、ほかにもいろいろな書き方ができるが、基本的には「体罰はすべきでない」という方向で書けていればいい。ただ、実際に書くときには、もう少し肉付けして説得力を出したい。

解答例
(2)　体罰容認の背景にある教育の理念とは、「よい社会人を育成すること」である。しかし、現代の民主主義社会では、「個人を幸せにする（個性を尊重する）」という教育の理念のほうがふさわしい。したがって、暴力的に一つの価値観を植えつけるような体罰（個性や自立を抑圧する体罰／民主主義の否定につながる体罰など）はいかなる場合でも認めるべきではない。

解説
反論は、何もないところから突然ひらめくものではない。自分の頭にある知識を掘り起こして反論を展開するのだ。
では、鋭い反論を〝思いつく〟にはどんな知識が役に立つかというと、2章で説明した「対立軸の知識」だ。まず、筆者の主張の背後にある〝大きな対立物〟をとらえる。それを、ひっぱり出してイエスかノーかを論じるのは、小論文では正攻法でかつ鋭い展開法だ。

例題52 難易度 ★★

つぎの意見を読んで、あとの問いに答えなさい。

日本は、外国人労働者を受け入れるべきではない。なぜなら、それによって国内の労働市場の秩序が混乱するだけでなく、治安悪化なども懸念されるからだ。
(1) 右の意見の背景には、「国益を第一に考える」という理念がある。この理念と〝対立軸〟をなす理念を答えなさい。
(2) (1)をふまえて、右の意見に反論を試みなさい。

KEY WORD 外国人労働者 解説

外国人労働者の現状

現在日本では、外国人単純労働者を法的には受け入れていない。しかし、中国やアジア、中近東などからの不法就労者はかなりの数にのぼる。

彼らの多くは、いわゆる３Ｋ（きつい・きたない・危険）と呼ばれ、日本人が敬遠する単純肉体労働に従事している。経営者は、タコ部屋のようなところに彼らを住まわせ、日本人よりもはるかに安い賃金で重労働を強いる。

それでも彼らは一生懸命に働く。安いといっても、彼らの国の基準からすればかなり高額の賃金を得られるからだ。働きすぎや劣悪な生活環境が原因で、病気になる人も多い。しかし、健康保険もなく病院に行くこともできないのだ。

「基本的人権の保障」と「国際社会への貢献」

このように、不法就労ということで、彼らの人権があからさまに踏みにじられているのが現実だ。いくら不法とはいえ、彼らにも基本的人権はある。しかも、実質的には外国人の労働力に頼らなければ立ち行かない業種（製造業や建設業など）も多いのだ。

こうしたことから、外国人労働者を正式に受け入れ、待遇や生活をきちんと保障すべきだという主張が出てくる。それが、「国益よりも人権を重視すべきだ」という理念だ。

また、国際社会での役割を考えると、周辺の貧しい国から労働者を受け入れることは、先進国の使命だという考え方もある。

たとえばヨーロッパでも、フランスやドイツは、周辺諸国の外国人労働者を受け入れている。それによって民族対立や差別、治安の悪化などの新たな国内問題が生じているが、それらを克服してこそ国際社会のリーダーだという考え方もできる。

この立場の背景にあるのは、「一国の利益よりも、国際社会への貢献を優先させるべき」という理念だ。* 国際社会の発展と幸福のためには、外国人労働者を正式に受け入れるべきだという主張をここから展開できる。

＊一六二頁参照。

解答例

(1) ①(外国人の)基本的人権を守るべきだ。
②国際社会への貢献を考えるべきだ(国際社会の利益を考えるべきだ/アジアの発展と幸福に寄与すべきだなど)。
(2) 「外国人労働者を受け入れるべきでない」とする考え方の背景には、「国益を第一に考えるべきだ」という理念がある。
しかし、現在日本では、外国人の不法就労者の人権が公然と抑圧されている。したがって、基本的人権を尊重する立場から、まず彼らを正式の外国人労働者として認め、その人権を守ることを優先すべきだ。(1の①から反論)
「外国人労働者を受け入れるべきでない」とする考え方の背景には、「国益を第一に考えるべきだ」という理念がある。しかし、国際化の時代にあって、国益だけを考える姿勢は好ましくない。したがって、国際社会(アジア全体)へ貢献するという観点から、法律を改正して外国人労働者を正式に受け入れるべきだ。(1の②から反論)

解説

「基本的人権の尊重」を反論の根拠にする場合には、解答例(2の最初の解答)のように、現在日本にいる不法就労者の人権が踏みにじられている現状を説明することが必要だ。その説明がなく、いきなり「国益よりも人権が大事だ。したがって、外国人労働者を受け入れるべきだ」と書いてしまうと、真意が伝わらないので気をつけよう。

例題53 難易度★★★

つぎの文は本多勝一著『実践・日本語の作文技術』（朝日新聞社、一九九四年）から抜き出したものである。よく読んであとの問いに答えよ。


それは（「日本語の乱れ」をさす・出題者注）「植民地的発想による日本語破壊」ともいうべき現象である。実例で証明しよう。

新幹線で関西にゆくべく、東京駅ホームの弁当売り場へはいった。和食・洋食いろんな製品が選べるようになっている。選んだものをお盆にのせて会計係に出す。このお盆が入口に重ねてあって、横に「トレーをご利用下さい」と書かれている。

トレー。何だこれは。要するにお盆じゃないか。トレーだなんて、こんな野蛮な新造語は俺の父母にも妹にも通じないだろう。「盆」という正確・的確な日本語を追放して、他民族語（それもカンボジア語やアイヌ語やバスク語ではなくて言語帝国主義のイギリス語）にとりかえてしまった。

こういう例が実に多いのだ。的確な日本語があるのに、わざと追放して侵略者の言葉を歓迎する植民地根性・家畜人ヤプー根性・奴隷根性・誇りなき民族。だから俺はこの種の植民地言葉を「家畜語」と命名した。（一部省略）

最近の家畜語で著しい例をあげるなら、崩壊した「バブル経済」であろう。バブルとは何だバブルとは。日本語のアブクと比べてみられよ。これは「的確な日本語」どころか、バブルよりもはるかに正確にことの性格を表現している。既に「アブク銭」という伝統的言葉があるように、単なるアワ（泡＝バブル）よりも経済用語としてぴたりであろ

■出典
岐阜大（地域科学）より。設問を改変。

う。そんないい日本語を追放して家畜語を使うこの家畜人ヤプーども。それに何の思慮もなく追従・追認するだけの情報産業の記者たち。例外的非主流はいるのだろうが、もう救いようのない植民地化の進行である。

〔問い〕筆者の批判を正当なものとして認めると、たとえば、「汁とスープは同じものだ」、「『盆』や『汁』という的確な日本語は追放されてしまった」ということになる。そこで、①盆とトレーは同じものとは言えない②的確な日本語が追放されているわけではない、という立場から反対論を述べたい。①②を「日本語の豊かさ」という観点に結びつけ、説得力のある反論を展開しなさい。

筆者の主張をいったん認めてから、反撃に転じる

設問で誘導しているように、筆者の主張を多少極端な形で認めてみると考えやすくなる。たとえば、筆者の言う通りだとすると、「汁とスープは同じだ」「茶碗とコップは同じだ」「布団とベッドは同じだ」などとなるし、「的確な日本語がすべて消滅し、英語に置き換えられている」ことになる。だが、さすがにこれは肯定できない。
解答では、①「盆とトレーが同じものではない」、②「的確な日本語は追放されていない」という主張を裏づける論拠（次ページの解答例の傍線部）が必要になる。単純に「盆とトレーは同じものではない。盆という言葉も日本語として残っている。それは日本語が豊かな証拠だ」とつなげて書くだけでは、まったく説得力がない。

解答例

「盆」と「トレー」は同じ概念を示す言葉ではない。私たちは「盆とトレー」、「汁とスープ」などのちがいを感覚的に了解していて、状況に合わせてうまく使い分けている。つまり「盆」や「汁」のような日本語は追放されたのではなく、日本語ではうまく表せない新しい概念を英語から借りて表現しているだけなのだ。それは筆者の批判するような「植民地根性」ではなく、日本語の豊かさのあらわれと考えるべきだ。

Summary

ステップ17のまとめ

背景にある〝対立軸〟をふまえた反論は、実際の答案では、そのまま第三段落の「展開」に書くことができる。また、反論の糸口がつかみにくいときには、「筆者の主張を認めると、どうなるか、どういうことが起きるか」を考えてみるといい。

Close Up!

“対立軸”をとらえて反論せよ！

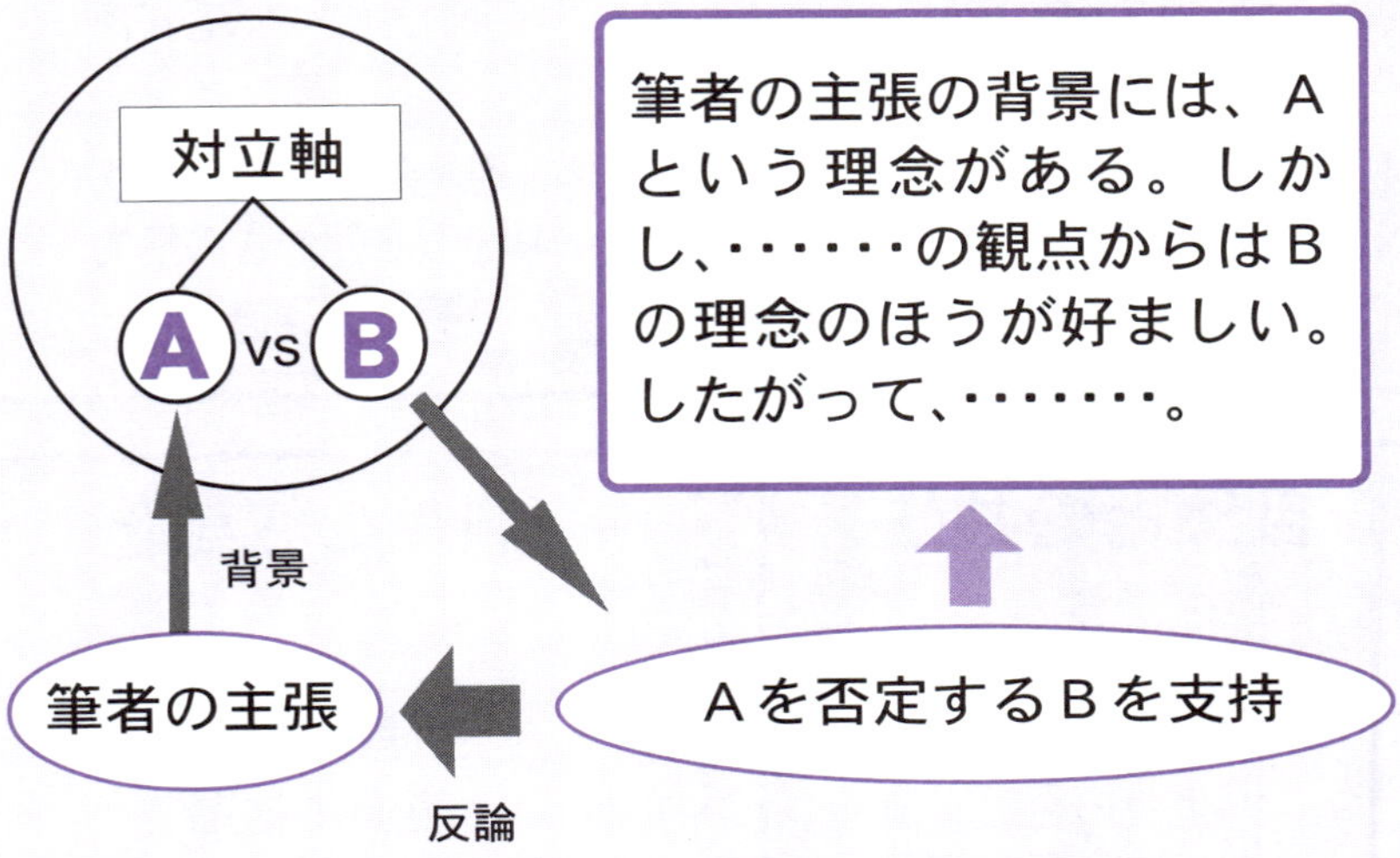
対立軸
A vs B
背景
筆者の主張
反論
Aを否定するBを支持
筆者の主張の背景には、Aという理念がある。しかし、……の観点からはBの理念のほうが好ましい。したがって、……。

図で読む対立軸の知識⑤

現代思想

感性・身体の復権 VS **理性・精神を重視**

【背景】理性、人間中心の近代精神が、戦争や自然破壊などをもたらしたという反省が出てきた。

理性重視の近代精神が現代の混迷をもたらした

〔具体例〕
・科学の暴走への危惧
・地球環境の破壊
・精神的荒廃、孤独

【背景】理性を絶対視する近代精神は、科学や民主主義を普及させ、西洋を繁栄に導いた。

神にかわって人間の理性が世界を支配する

〔具体例〕
・迷信・不合理の追放
・科学・技術の進歩
・民主主義の発展

問題点

しかし・・・

価値の多元化
↓
多様性の容認
アイデンティティの喪失
倫理・道徳の退廃

自然との共生
↓
極端な自然回帰
進歩の否定

しかし・・・

価値の一元化
↓
効率主義・科学万能主義
ゆとり・豊かさの喪失
感性の硬直化

自然の奴隷化
↓
人間中心主義
生態系の破壊
資源の枯渇

6章

発想・着眼トレーニング

鋭いアイデアを引き出すノウハウ

まっとうな発想でも、鋭い答案になる！

真の発想力・独創性の発揮は、小論文では不可能！

小論文の指導者のなかには、やたらに「発想力」や「独創性」を強調する人がいる。しかし私は、そんなものにはこだわるな、という立場を取っている。

たしかに、添削をしていて「おっ、これは鋭い！」とか「なるほど、こんな考え方もあったのか！」など、ほれぼれするような答案に当たることもある。ただ、それを「発想力」や「独創性」と呼んでいいかとなると、はなはだ疑問だ。

これは、学者や思想家についても同じことが言える。たとえば、近代やポスト・モダンをテーマに難解なことを書く日本の学者は多い。しかし、そのほとんどは、フーコーやデリダ、ドゥルーズなどといったフランスの現代思想家の〝受け売り〟か、それにちょっと自分の意見をつけ加えた程度のものにすぎない。

本当の意味での発想力、独創性を持つ人は、やはり天才として分類すべきだ。それは、何万人に一人とか一〇年に一人という程度でしか存在しない。仮にそういう人がいたとして、たかだか一〇〇〇字程度の小論文でそれを発揮できるかどうか。できるわけがない。仮にできたとしても、おそらく落とされる。その独創性を理解できる人がいないからだ。

「鋭さ」を発揮するには「常識」が必要

小論文の場合、「発想力」や「独創性」は、もっと狭い意味で考えたほうがいい。すなわちそれは、「人とはちょっとちがう視点から切り込む姿勢」だ。ただ、それにしても、まったく新しい発想や真の独創を意味するものではない。

どこかで聞きかじった知識、だれかが言ったことの受け売り……。結局のところ、自分の手持ちの知識や経験の範囲内でしかものを書けない。私も含めて、みんなそうなのだ。

ただし、これらをうまく加工したり組み合わせたりすることで、〝ちょっとした意外性〟を出せる。それが小論文では、「発想力」や「独創性」という名で評価されるというわけだ。

では、〝意外性〟や〝鋭さ〟を発揮するには何が必要か。逆説的な言い方になるが、「常識」がいちばん必要だ。

鋭い意見は、確かに常識や一般通念に「ノー」を言う側から出てくる。しかし、肝心の「常識」を知らなければ、自分の意見が鋭いのかどうかを判断できない。だから、鋭いと思って書いたことがじつはありきたりな意見だったりする。逆に、本人は「常識的」なことを書いているつもりなのに、とんでもない暴論、極論になっていることもある。

これらの失敗はみな、「常識不足」「知識不足」に由来する。自分の意見が常識からどのくらい離れているかを、自分で測定できないのだ。「鋭さ」を出すには、まず、なによりも常識(＝知識)を身につけることが重要だ。その努力を怠《おこた》って、いたずらに鋭く書こう、目立つように書こうとしても、まちがいなく失敗する。これだけは肝に銘じておいてほしい。

《3WHAT・3W・1H》でアイデアを引き出す

小論文の試験で評価される〝発想力〟や〝独創性〟は、きわめて相対的なものだ。

たとえば、「学級崩壊」という課題を出すと、「子どものわがままが原因だ」「親のしつけに問題がある」と書く答案がうんざりするほどたくさん提出される。しかし、そのなかで「学級崩壊は、個性重視の教育が引き起こした」などと書いてある答案にたまに出会うと、それはすばらしく〝独創的〟に見えてしまう。

つまり、主張自体にとくに目新しいものがなくても、他の答案のレベルがあまりにも低すぎるために、それでも十分に〝個性的〟〝独創的〟な答案になってしまうのだ。

生徒の答案を採点しているとよくわかるのだが、一定レベルに達していない受験生があまりにも多い。だから、**社会的な視野のある答案をごく真っ当に書くだけでも、かなり高い評価を得られる**ということを知っておこう。

ただ、いちおうの社会的知識があっても、それをうまく引き出せなければ、いい小論文は書けない。これこそ〝宝の持ち腐れ〟というやつだ。与えられたテーマから、どんな〝手持ち知識〟を引き出せるか、引き出した知識をどう組み合わせて論を展開するか、というところにすべてがかかっている。

課題文を読んで、ただボーッと考えていても、なかなかいいアイデアは浮かばない。まずは投《と》網《あみ》を投げるように、広い範囲から知識の断片をかき集めてくる。その〝道具〟として使ってほしいのが、これから説明する《3WHAT・3W・1H》の視点だ。

例題54 難易度★

つぎの文を読んで、あとの問いに答えなさい。

多くの学校では「男子が先、女子が後」の男女別の名簿が使われてきた。これに対して、「差別の意図はないのだから、差別ではなく単純な区別だ」という意見と、「差別の意図のない区別も女性差別だ」という意見がある。あなたはどう考えますか。

〔問い〕「差別の意図のない区別」について考えを深めるために、つぎの①～⑦の観点からメモをとりたい。それぞれについて思いつくことを列挙しなさい。
①「差別の意図のない区別」とは何か。〔↓定義〕
②「差別の意図のない区別」には、男女別名簿のほかに何があるか。〔↓現象〕
③男女別名簿によって、何がもたらされるか。〔↓結果〕
④男女別名簿はなぜ用いられているのか。〔↓理由・背景〕
⑤女性差別はいつから行われているか。〔↓歴史的経過〕
⑥外国ではどうか。〔↓地理的状況〕
⑦どうすればいいか。〔↓対策〕

■出典
『女性と権利』（岩波ジュニア文庫）を参考に問題を作成。

解説

設問の①～⑦にあげた観点は、私が《3WHAT・3W・1H》と名づけたものだ。

《3WHAT》とは、あるキーワードに関して、①「それは何か（WHAT）」という定義、②「現実に何が（WHAT）起きているのか」という現象、③「何が（WHAT）その結果起きたか」という結果をそれぞれ表している。

つぎの《3W》は、④「なぜ（WHY）それが起きているのか」（理由・背景）、⑤「いつから（WHEN）そうなったのか」（歴史的経過）、⑥「どこで（WHERE）そうなったのか、他の場所ではどうか」（地理的状況）を表している。そして、最後の⑦の《1H》は、「どうすれば（HOW）いいか」という対策を表す。

《アイデア・メモ》をつくるトレーニング

課題が与えられて考えがまとまらないときには、この七つの視点から知識の〝掘り起こし〟を行うことをすすめる。もちろん、これらの項目について、すべて埋めつくせるわけではない。たとえば、キーワードがとくにない場合は「定義」などは書かなくてもいい。

つまり、《3WHAT・3W・1H》は、あくまでも考えを深めるための〝切り口〟と考えればいい。自由に何かを思い浮かべろと言われてもむずかしいので、こうやって、あらかじめ項目を決めておく。ここから一つでも鋭い意見を引き出せれば、それで目的は達する。

解答例は、左ページに示した。ここでは、「男女別名簿は差別か」という命題に対して、イエス、ノーの両方の立場から広く思いついたことを列挙している。「イエスかノーかの立場をすぐに決めるな」という原則を思い出してほしい。

ここでいいアイデアを得られれば、そこに論点をしぼり込んだ構成メモをつくる。左の解答例では、③（結果）や④（理由・背景）で、「男女別名簿は差別だ」とする立場からのいい意見が出てきている（「差別でない」とする意見には、鋭いものが見当たらない）。

解答例　《3 WHAT・3 W・1 H》で知識を引き出す

（Yは「男女別名簿は差別だ」にイエス、Nはノーの立場の意見を表す）

3 WHAT

①定義
・差別の意図はないのに、慣習として行われている男女の区別。

②現象
・野球部などに女子は選手として入部できない／旅館などの風呂は女性用のほうが小さい／結婚した女性は男性側の姓を名乗るという慣習、伝統など。

③結果
・「男が先、女が後」という価値観が無意識のうちに固定化する（Y）。
・男性が女性を差別している、あるいは女性が男性に差別されているということを意識させなくしている（Y）。
・単なる慣習や伝統にすぎず、差別意識が助長されることはない（N）。
・便宜的に使用されているだけなので、何も問題は生じない（N）。

3 W

④理由・背景
・男性中心の社会を維持するため／男女の役割の違いを認識させるため（Y）。
・伝統や慣習になっているため／名簿としての利便性が高いため（N）。

⑤歴史的経過
・男尊女卑の風潮は封建制のころからのもの。
・戦前はいまよりもっと女性の権利が抑圧されていた。
・日本で女性が初めて選挙権を持ったのは一九四六年。

⑥地理的状況
・欧米諸国では、日本よりも男女同権の思想が徹底している。

1 H

⑦対策
・「意図的でない差別」の実態を明らかにして、男女別名簿も改めるべき（Y）。
・女性差別の本質とは関係ないので、改める必要はない（N）。

Step18 発想を広げる視点

不必要なアイデアはバッサリ切り落とす

例題55 難易度★★

一九七ページの《3WHAT・3W・1H》によるアイデア・メモをもとに、構成メモをつくりたい。つぎの二つの条件を満たすような構成メモを作成しなさい。
〔条件〕・「男女別の名簿は女性差別か」という命題にイエスの立場をとる。
・アイデア・メモの③（結果）を中心に論点にしぼる。

解説

アイデア・メモから構成メモを作成する際には、なにより「捨てる」ことがたいせつだ。論点を一つに決めたら、それ以外の思いつきはバッサリ切り落とす。この例題も〝捨てる練習〟と考えて取り組んでほしい。

解答例

1　男女別名簿は女性差別か。
2　確かに、男女別名簿には、女性を差別しようという明確な意図はない。
しかし、意図がないからこそ差別の根は深い。
3　①意図的でない区別は、差別の存在を隠す役割を果す。
②男女別名簿は「男が先、女が後」という価値観を固定化し、男女の役割のちがいを明確には意識させない形で押しつけている。
4　男女別名簿は単なる区別ではなく、差別ととらえるべき。

Summary ステップ18のまとめ

《3WHAT・3W・1H》の視点は、もちろんオールマイティに使えるわけではない。しかし、メモづくりの段階では、一度はこれを起点に考えることをすすめる。

その際、考えつかない項目についてはどんどん飛ばしてかまわない。与えられたテーマやキーワードによっては、「定義」や「結果」などは思い浮かばないが、「歴史的経過」はいろいろ列挙できる、というケースもあるだろう。この場合には「歴史的経過」を中心にした展開パターンを組み立てることができるはずだ。

下にまとめた《3WHAT・3W・1H》の内容を頭にたたき込んだら、過去問や模擬試験などを題材に知識を引き出すトレーニングをやってみてほしい。ついでに、例題55で示したように、そこから構成メモをつくるトレーニングも行えば、いっそう力がつく。

Close Up! 《3WHAT・3W・1H》とは何か

3WHAT
- **定義**の WHAT（それは何か？）
- **現象**の WHAT（何が起きている？）
- **結果**の WHAT（その結果は何か？）

3W
- **理由・背景**の WHY（なぜ起きたのか？）
- **歴史的経過**の WHEN（それはいつからか？）
- **地理的状況**の WHERE（どこで？他の場所では？）

1 H
- **対策**の HOW（どうすればいいか？）

Step 19

発想・着眼トレーニング2

●鋭い発想を引き出すノウハウ

タテ・ヨコ・ナナメからテーマに切り込め！

《3WHAT・3W・1H》をフォローする視点

前のステップで紹介した《3WHAT・3W・1H》は、あるテーマについて総合的、客観的にとらえようとするときに有効な視点となる。実際、社会科学系の学問は、《3WHAT・3W・1H》の視点で対象（テーマ）を分析する方法論を用いている。

たとえば「いじめ」がテーマなら、まず「いじめ」とは何かという定義を示し、考察の対象を限定する。さらに、いじめの現状（現象）を報告し、なぜ、いじめが起こるのか（原因・社会的背景）、いつからいじめが社会問題となったか（歴史的経緯）、外国ではどうか（地理的状況）、いじめが社会におよぼす影響（結果）などが考察される。

こうした多面的な分析に沿って筆者なりの価値判断、提言（対策）を示していくのが、論文や本の構成の一般的なスタイルだ。長い課題文や2章のステップ5で紹介した本なども、《3WHAT・3W・1H》の視点を頭に入れて読むと、スッキリと整理された形で内容をとらえることができる。これは、ぜひ実践してほしい。

《3WHAT・3W・1H》によるアイデアの〝掘り起こし〟は、与えられたテーマを社会科学的な目でとらえるためのいい練習になる。ただし、〝手持ち知識〟が少ない人には使いにくい面がある。また、あまりにも正攻法のアプローチなので、〝意外性のある意見〟を引き出しにくいかもしれない。そこで、《3WHAT・3W・1H》以外の〝視点〟からアイデアを掘り起こすトレーニングも積んでおきたい。

例題56 難易度 ★★

「インターネット」をテーマに論じる課題が出された。障害者や高齢者などの社会的弱者の立場から、インターネットのプラス面、マイナス面についてそれぞれ指摘しなさい（複数回答可）。

「別の人物」になりきってテーマを考える

３章でも述べたように、あるテーマや命題に対してイエス・ノーの両方の立場から考えてみることが、いい小論文を書くためには欠かせない。しかし、ただ漠然《ばくぜん》と考えているだけではいいアイデアはなかなか浮かんでこない。

こういうときは、〝自分〟をいったん捨て、「別の人物になりきって考える」という方法をとるといい。たとえば、この例題のように、障害者や高齢者など社会的弱者の立場から考えてみる。すると、普通に考えていても出てこないような鋭いアイデアが得やすくなる。これは「インターネット」というテーマに限ったことではなく、教育や経済、政治などの広範なテーマで活用できる。ほかの機会でもいろいろ試してほしい。

〝なりきる相手〟は社会的弱者にかぎらない。ただ、「在日外国人の立場」「リストラされた人の立場」「貧困な後進国の立場」などのように、つい見過ごされがちな立場から考えると、ユニークなアイデアが出てきやすい。「美術の○△先生ならどう思うか」「近所のたこやき屋のおじさんなら何と言うか」など、個性的な人になりきって考えるのも手だ。

解答例

〔プラス面〕
①インターネット上では、直接のコミュニケーションとちがって身体的なハンディを見えなくさせる／偏見や先入観を排除した対等なコミュニケーションが可能。
②音声や視覚などを組み合わせた情報伝達により、視聴覚に障害がある人でも効率的な情報収集が可能になる。
③社会に向けて自由に発言し議論する場が得られる。
④身体が不自由でも、部屋にいながらネット上の会議などに参加できる。

〔マイナス面〕
①普及型のパソコンは、一部の身体障害者には簡単に使いこなせない。
②パソコンを使えない高齢者が多く、情報格差が生じる。
③パソコン本体や通話料など経済的負担が大きく、自由に使えない。
④インターネット上のサギ商法などに高齢者はひっかかりやすい。
⑤インターネット上で、差別や偏見、中傷を受ける可能性がある。
⑥学習障害のある人には、通常の情報の理解や受容がむずかしい。

解説
前ページの解答例は、知識がなくても、想像力を働かせればなんとか思いつく。こういうことを考える人は実際の試験ではおそらく少ないだろうから、うまくテーマに結びつけて論じることができれば、かなり高い評価を得られるはずだ。
たとえば、「インターネットは、世界中のすべての人びとに開かれたメディアだ」という趣旨の課題文が出たら、解答例にあげたマイナス面を使って反論する。さらに、真にすべての人びとに開かれたメディアにするにはどうするか、という対策を書く。これができれば、インターネットを賛美して終わるありきたりな答案よりも、アピール度はずっと高い。

個性的な作家、評論家にかぶれる

人とはちがうユニークな発想にこだわるなら、だれか一人、特定の作家や思想家のファンになることをすすめる。

好きになる作家、思想家は、できれば個性的でアクが強い人を選ぶ。作家、評論家にかぎらず、たとえばビートたけしのような鋭い感性を持つ芸人でもいい。そういう人が書いた本やコラムなどを読みまくっておく。

そうすると、いつの間にか「その人ならどう考えるか」という視点で物事を考えられるようになってくる。早い話が〝かぶれる〟というやつだ。私の場合は、思春期のころにニーチェとマルクスにかぶれた。その影響は、いまでもかなり残っているのがわかる。

ちなみに、私がおすすめする作家・思想家は、外国人ではニーチェやサルトル、フーコー（これは相当に難解）だが、思想や哲学に関心がない人にはかなりとっつきにくいだろう。日本人のもので気軽に読めるものとしては、呉智英《くれともふさ》氏や岸田秀《きしだしゅう》氏などの著作がいいだろう。呉智英氏の『バカにつける薬』（双葉文庫）、岸田秀氏の『ものぐさ精神分析』（中公文庫）のほか、栗本慎一郎氏の『パンツをはいたサル』（光文社）などをすすめておきたい。

ただし、特定の作家に〝なりきって〟書くやり方には、大きな危険もつきまとう。狂信的なまでにほれ込んでしまうと、自分が暴論や極論を言っていることに気づかなくなる。これがいちばんまずい。また、理解が浅いまま刺激的なフレーズをまねして使っても、すぐにメッキがはがれる。大学の教授レベルの人は、そんな小手先の表現では絶対にごまかされない。だれの〝受け売り〟で書いているのかも、すべてお見通しだ。

そこで、好きな作家に〝なりきる〟ときは、その思想を消化したうえで、自分流にうまくアレンジして書くことが要求される。それには、しっかりした常識と醒めた知性、表現力が必要になる。小論文としては、かなり高度なテクニックが要求されるのだ。初心者が安易にまねをすると、〝一発不合格〟の危険な面があることだけは知っておこう。

〝学部別の視点〟からテーマにアプローチする

小論文では、どんな課題が出ても、自分の〝得意ネタ〟に結びつけてしまうという荒わざがある。たとえば、コンピュータが得意なら、「日本語の乱れ」「国際化」「臓器移植」などのようなテーマを、すべてコンピュータの観点から論じてしまうのだ。

これは、うまくはまればそのユニークな視点や発想力などを高く評価してもらえる。しかし、初心者がこれをやると、論点がずれまくって収拾がつかなくなることも多いので危険だ。それよりも、オーソドックスに知識を増やすことを考えたほうが確実性は高い。

しかし、アイデア・メモをつくる段階では、これに近い発想で〝学部別の視点〟から知識の掘り起こしを行ってみるといい。意外に新鮮な意見が飛び出すことがある。

例題57 難易度★★

「超高齢化社会を迎えている日本が抱えている問題点を指摘し、その対策について書きなさい」という課題が出された。アイデア・メモを作成することを想定して、つぎの問いに答えなさい。
(1)「超高齢化社会の問題点」について、つぎのa～cの立場から思いつくことをあげなさい。
a「政治・経済」から見た問題点（政治・経済学部的視点）
b「医学・医療」から見た問題点（医学部的視点）
c「人間・人生」から見た問題点（文学部的視点）
(2)「高齢者が生き生きと暮らせる環境づくり」というテーマで、その対策を考えたい。つぎのd～fの立場で思いつくことをあげなさい。
d　法学部の立場からの対策。
e　教育学部の立場からの対策。
f　情報学部の立場からの対策。

解答例

(1) a 高福祉にともなう税金の高負担／若年労働者の不足／国の活力の衰退／保険医療費の増大／年金の受給増による財政の圧迫など
b 終末医療（ターミナル・ケア）の未整備／「尊厳死」をどこまで尊重するか／安楽死、延命治療、過剰医療の是非／高齢者の生命の質（クオリティ・オブ・ライフ）*の向上
c 老人の孤独、疎外感／老人の自殺／高齢者が生きがいを持てない社会・生活環境／高齢者を「生産力の劣った人間」とみなす効率（生産）至上主義／尊厳死の尊重／表面化しない老人虐待／老人の恋愛への無理解
(2) d 家庭や病院での老人の人権擁護／年金や生活保護など福祉関連の法律の整備／高齢者の社会参加を促す法整備
e 生涯教育の充実／個人の幸福を追求する個性化教育の充実／ボランティア活動への意欲を高める教育／学校を地域交流・世代間交流のステーションにする
f 高齢者を支援するネットワークづくり／高齢者同士の交流を盛んにするネットワークの形成／高齢者の社会的発言や政治参加を促すネットワークづくり

解説

「高齢化社会」というテーマが与えられると、「福祉を充実すべきだ」のように、福祉の観点だけから論じようとする受験生が多い。いきおい、同じようなことを書くありきたりな答案がたくさん出てくる。しかし、この例題でもわかるように、視点をすこしずらし

*【クオリティ・オブ・ライフ】

「生命（生活）の質」と訳す。生命維持のために治療を優先するより、病気や障害があっても、その人らしい豊かな生活を送ることが大切という考え方からきた言葉。

てみるだけで、ちょっと意外性のある問題点を見つけることができる。
もちろん、〝学部別の視点〟といっても、自分の志望学部の視点だけでとらえる必要はない。たとえば教育学部を受ける人でも、「法学部的視点」や「医学部的視点」から出てきたアイデアを軸に答案を書いてもかまわない。〝目立つ答案〟を書きたい人なら、なおさら自分の志望学部にこだわらないほうがいい。

《日本文化・教育・民主主義》に引き寄せて考える

例題58 難易度 ★★★

「茶髪（チャパツ）の流行は好ましいか」という命題について、
A　「日本文化（個人主義／集団主義）」
B　「教育」
C　「民主主義」
のどれかの観点に引き寄せて、〈例〉のようにイエスかノーかの意見を述べなさい。
（できればすべての観点につき、イエス、ノーの両方の立場で書きなさい）

〈例〉「日本文化」の観点からイエス
茶髪の流行は、周囲の目を気にせず自分の個性を発揮する人が増えたということだ。これは、集団主義から脱皮し、自分らしさや個性を尊重する個人主義が日本に浸透してきた証拠でもあり、好ましいことだと考える。

解説

〝テーマ別の視点〟としては、「日本文化」「教育」「民主主義」の三つの分野の適用範囲が広い。どんな課題が出てきても、この三つのテーマとの接点を考えてみると、何かしら鋭い意見を引き出せる可能性が高いというわけだ。

「日本文化」では、具体的には日本人の特性である「集団主義」の観点に引き寄せるのがオーソドックスだ。「教育」の場合は、「良い社会人を育成する教育／個性を重視する教育」という〝対立軸〟との接点を探す。さらに「民主主義」は、「健全な民主主義とは何か」ということを考え、ここからテーマにアプローチする。

つぎに、この三つの観点から「ノー」を言う場合の解答例を示す。

解答例1

A《「日本文化」の観点からノー》
右へならえをするような茶髪の流行は、画一的で没個性的ですらある。つまり、個性を尊重せよという掛け声は建前にすぎず、本音の部分では集団主義から抜け出せていないのだ。自己を否定し他者に従うような茶髪の流行は、けっして好ましくない。
B《「教育」の観点からノー》
最近は中高生の間で茶髪が流行しているが、これは、茶髪を黙認している学校が多いことを意味する。つまり、個性重視の教育が行き過ぎて、生徒のわがままをコントロールできなくなっているのだ。これは、学級崩壊やいじめにも通じる問題で、けっして好ましいこととはいえない。

C《「民主主義」の観点からノー》
茶髪にする若者には、欧米人にあこがれる気持ちがあるのかもしれない。しかし、日本人にとって茶髪は一種の自己否定、「自分らしさの放棄」であり、それは民主主義のあり方から言っても好ましいことではない。
そもそも民主主義というのは、自律的な「個人」を前提とする社会である。実際、西洋に根付いた民主主義は、「個」を認めず抑圧する封建的な権力と戦って勝ち取ったという歴史的経緯がある。つまり、「自分らしさ」を大切にして、「自分らしく生きる」ことを求める人びとが作り上げているのが民主主義なのだ。しかし、茶髪の流行は、その「自分らしさ」を否定している。これは、ある意味で民主主義を否定することに等しいと言ってもいいのだ。

“ノーの根拠”に合わせて茶髪の解釈も変えていく

茶髪の流行を、「日本文化」「教育」「民主主義」に引き寄せるには、それなりの工夫が必要だ。基本的には、「茶髪の流行は何を意味するか」を示し、「それはどういうことか、どういう点で好ましい（好ましくない）のか」を、それぞれの観点に引き寄せて説明すればいい。解答例の文章は、このスタイルで書いている。

ポイントは、命題にノー（またはイエス）を言う根拠を見つけることで、解答例では傍線部を引いたところがそれにあたる。つぎに、この根拠に合わせるようにして、茶髪の流行を自分なりに意味づける。根拠がちがえば、当然、意味づけもそれに合わせて変える必要がある。解答例では、傍点部で示したところがそれにあたる。

考え方としては、①三つの観点からノーの根拠（傍線部）を考える、②この根拠に合うように工夫して茶髪の意味づけ（傍点部）を考える、という順序になる。

ちなみに、解答例の傍線部分のフレーズは、ぜひ覚えておいてほしい。何かのときにきっと役に立つはずだ。

与えられたテーマと根拠が離れているとき（たとえば、解答例では「茶髪と民主主義」のような場合）は、〝意味づけ〟のところでかなり工夫して、自然な形で両者を結びつける必要がある。Cの解答例が長くなってしまったのはそのためだ。具体例をあげて説得力を出すなどのテクニックをこの解答例から学んでほしい。

では、「イエス」の立場の解答例をつぎに示しておこう。「日本文化」の観点からイエスの意見は、例題のなかで示しているので省略する。

解答例2

B《「教育」の観点からイエス》
茶髪の流行は、若者が自由に自己表現できるようになったということだ。これは、とりもなおさず、個性を尊重する教育の成果の一つと言えるだろう。

C《「民主主義」の観点からイエス》
茶髪がこれだけ流行するのは、それを排除せずに個性として認める風潮が出てきたからだ。異質なものを排除せず、多様な価値観を認めるのが民主主義の本来の姿だ。茶髪の流行は、日本の民主主義が成熟しつつある証拠であり、好ましいことである。

Summary ステップ19のまとめ

テーマが与えられたとき、まずは《3WHAT・3W・1H》の視点からアイデア・メモを作成してみる。しかし、ここでいい考えが浮かぶとは限らないので、別の視点からもアプローチできるようにしたほうがいい。

具体的には①社会的弱者など見過ごされがちな立場の人になりきって考える②好きな作家や思想家になりきって考える③〝学部別の視点〟でテーマを眺める④「日本文化」「教育」「民主主義」のどれかの観点に引き寄せて考える、などの視点が有効だ。

模擬試験や通信添削などで答案を書くときも、まずは、さまざまな視点からテーマにアプローチしてアイデア・メモを作成する姿勢をつねに持ってほしい。小論文で求められる「発想力」とは、〝異質な知識〟を想像力によって組み合わせる力のことでもあるのだ。

Close Up! 鋭い発想を得るさまざまな視点

1 「別の人物」になりきって考えろ！
①高齢者・身障者・在日外国人など
②特定の作家・思想家のファンになる

2 「学部別の視点」で発想を広げよ！
→法学部・医学部・教育学部などの立場から考える
《例》「福祉サービスの充実は女性の社会進出を促し、地域経済を活性化させる」（経済学部的視点）

3 《日本文化・教育・民主主義》に引き寄せろ！
→どんな課題でも、上の3テーマとの関連を考える
①日本文化…「集団主義」が背景にないか？
②教育…画一化・平等主義などとの関連をさぐる
③民主主義…民主主義の理念から好ましいか

Step 20

発想・着眼トレーニング3

●発想のプロセスを追う

押してダメなら引いて出すアイデア

発想を引き出すプロセスを追え！

この章のしめくくりとして、実戦的な問題を使って実際にアイデアを掘り起こすトレーニングをやっておきたい。これまでに紹介してきたさまざまなノウハウ、知識、想像力を総動員して、豊かなアイデアを発掘するプロセスを追ってほしい。

例題59 難易度★★

つぎの文章を読んで、あとの問いに答えなさい。

日本人は平均して十年に一人ノーベル賞をもらうと新聞で騒がれたことがありました。これに反してアメリカでは平均して十年に二十人ノーベル賞をもらっているそうです。アメリカの人口は日本の二倍ですから、アメリカ人が十年に二十人ノーベル賞をもらうのなら、日本人は十人もらわねばなりません。それがたったの一人とすると、日本人の創造性はアメリカ人の十分の一ということになります。

（植村研一『脳を守り活かす』）

■出典
日本医科大（医）より。

〔問い〕我が国のノーベル賞受賞率が低い理由は、どこにあると思いますか*。また、今後受賞者を増やすには、どうすれば良いと考えますか。これについて自分の意見を述べなさい。

正攻法で書きやすいのは「イエス」の立場

課題文では、ノーベル賞受賞者の割合を引き合いに出して、「日本人はアメリカ人にくらべて創造性がない」と述べている。設問では、「ノーベル賞受賞率が低い理由」、「受賞者を増やすための対策」の二つを書くことが要求されている。

まず、大前提として、「日本人に創造性がない」ことを認めるか、認めないかの二つの立場がある。この二つの立場からどんなアイデアが引き出せるかを考えてみよう。

基本的には、日本人に創造性がないことを認めたうえで理由や対策を考えるのが、おそらくもっとも正攻法で書きやすい。多くの受験生もその立場で考えるはずだ。

理由としてすぐに考えつくのは、「教育」だろう。この場合は、詰め込み教育、画一的な教育などを理由としてあげ、「個性や能力を重視する教育に変える」という方向の対策を書く。実際に答案をまとめるときは、たとえば「飛び級の導入*」など、一つでも二つでも具体的な対策を示したほうがいい。

ただ、答案としてはどうしてもありきたりな感じがするので、「ノー」の立場からも考えてみたい。なお、解答例はまとめて示さずに、考え方のプロセスを追いながら、本文のなかで提示していくスタイルをとるので了承してほしい。


*【近年の状況】

二〇一七年末現在、日本は平均して一〇年に二人、アメリカは平均して一〇年に三二人の割合。多少は縮まったものの、依然として受賞率の差は大きい。


*【飛び級制度】

たとえば、高校二年生でも一定の基準を満たせば大学に入学させるなど、学年を飛び越えて進級が可能な制度。能力重視型の教育制度。

ユニークな意見を引き出すなら「ノー」の立場

日本人が創造性に欠けるという認識は、かなり多くの人が持っている。ある意味では常識的な考え方の一つだ。これにあえて「ノー」と言ってみる。「鋭い意見はノーの側にある」という〝格言〟を思い出してほしい。
この立場から考えるときは、「日本人には創造性がある」ということを、自分なりに正当化できなければ話にならない。ここで役に立つのが《3WHAT・3W・1H》の視点だ。

Ⅰ《定義》の視点から
・創造とは無から有を生み出すものではなく、先行する成果や知識の上に築かれるものだ。日本人が得意な応用・加工技術も、その意味では立派な創造だ。
↓
＊では、なぜノーベル賞受賞率が低いのか？
↓
Ⅱ《地理的状況》の視点から（解答例）
・西洋は、伝統的にオリジナルを重視し、日本人が得意な応用技術に創造性を認めない。この発想はノーベル賞にも貫かれ、応用研究よりも基礎研究を評価する傾向がある。
↓
＊では、どうすればいいか？

Ⅲ《対策》の視点から（解答例）
①日本人が得意な応用研究、応用技術の開発はすぐれて創造的な営みであることを、世界に向けてもっとアピールする。
②日本の研究開発費の多くは応用研究に投じられているため、基礎研究がおろそかになっている。これを改めて、基礎研究を重視する予算配分や大学教育を考える。
③ノーベル賞の選考方式や運営方法を、もっと開かれたものにする。たとえば、アジアやアフリカ、南米などの有識者を含めた論議の場を設けて、選考基準が欧米的な価値観に偏らないようにすべきである。

解説

右のⅠ→Ⅱ→Ⅲの流れから、おもしろい意見が引き出されるプロセスをよく見てほしい。答案を書くときも、この順番でうまくつなげばいい。なお、対策を書くときは、一つの論点をしぼり込む必要はなく、1、2、3……と列挙してもかまわない。

最後のⅢで示した①や③の〝一風変わった対策〟がどう評価されるかは、採点者の考え方にかかっている（②は正攻法）。私がその立場なら、おおいに評価してあげたい。

《日本文化・教育・民主主義》に引きつける

「日本人は創造性がない」にノーの立場で、別の視点からアイデアを引き出してみよう。ここでは、《3WHAT・3W・1H》を軸に、「日本文化」「教育」「民主主義」の視点を複合させてそのプロセスを追ってみよう。
この場合、「日本人には創造性がある」という前提で出発するので、「**本当は創造性はあるのだが、それを発揮できないような環境にある**」のだと考えてみる。たとえば、「**頭脳流出**」という問題がある。これは、《3WHAT・3W・1H》のなかの《現象》から引き出せる。

Ⅰ《現象》の視点から
・すぐれて独創的な日本の研究者の多くは、日本を離れて欧米で活躍している。
↓
＊それはなぜか？
↓
Ⅱ《原因・背景》＋《日本文化》の視点（解答例）
・日本の大学には教授を頂点とするヒエラルキー*が存在し、出世も能力ではなく年功序列や派閥の政治力で決まってしまうところがある。このため、才能ある若い研究者がいても個性を発揮できる環境にはなく、独創性の芽がつみとられてしまう。
↓
＊では、どうすればいいか？
↓
Ⅲ《対策》の視点（解答例）
①年功序列的な昇進システムを改め、実績主義による評価と人事を徹底する。それによって、若い有能な研究者の意欲を引き出す。

＊【ヒエラルキー】ピラミッド型の階層組織、身分制度。

②大学内外の人材の流動化を促進し、閉鎖的な雰囲気をなくす。
③上下関係に縛られず、自由に発言し議論できる土壌をつくる。
④独創的な研究を対象とする日本独自の賞を創設する／優秀な研究者を育てるための奨学金制度を充実させる。

KEY WORD

大学の閉鎖性 解説

古い体質から抜け出せない大学

日本の大学の閉鎖性は、しばしば問題にされる。大学の研究室内の人間関係を封建時代の〝徒弟制度〟にたとえて批判する人もいるくらいだ。

たとえば、教授の権威は絶対的なものだ。若い研究者は教授の指導のもとで研究テーマを決められる。若い研究者の成果も、個人の業績というより、教授やその研究室の業績としてみなされる。大学というと自由でリベラルなイメージがあるが、じつは、個を殺して組織を生かす集団主義が色濃く残っているのだ。

もちろん、このような古い体質を改めるべきだという声は強い。大学改革が叫ばれているのもそのためだ。しかし、改革はなかなか進んでいないのが現状だ。

Ⅲで列挙した「対策」は、大学批判なので書きにくいと思うかもしれない。しかし、良識的な大学人ならだれでも感じていることなので、堂々と批判を展開してかまわない。

例題60 難易度 ★★★

つぎの文章を読んで、あとの問いに答えなさい。


あるところに一本の木が生えていた。木はある少年を可愛がっていた。少年は毎日、木のところに来て遊ぶ。枝でぶらんこをしたり、りんごの実を食べたり、木陰で眠ったり。彼は木が大好きで木も幸せだった。だが、時がたち、成長した彼の足は遠のく。木は独りになることが多くなった。ある日、彼が来て、遊ぶためのお金が欲しいと言う。木はりんごの実を売ってお金をつくるようにと勧めた。彼はりんごの実を採って去る。木は幸せだった。

やがて壮年になった彼が来る。家が欲しい、結婚したいと言う。木は枝で家を建てるように勧める。枝を切って、彼は去る。木は幸せだった。中年になった彼がまた来る。遠くへ行くためにボートが欲しいと言う。木の勧めで彼は幹を切り倒し、ボートを造って去った。長い年月がたった。老人になった彼が戻ってきた。木は、切り株だけになった自分の上で休むようにと勧める。彼は言われるままにした。木は幸せだった……。

以上はシェル・シルバスタインの『与える木』という絵本のあらすじである。この物語をどう読むか。この物語について四カ国の子ども約二千人の感想を分析した『子どもとファンタジー』は実に興味深い本だ。筆者の心理学者、守屋慶子さんの語り口は、ものを考え、吟味することの楽しさを味わわせてくれる。

中でも分析の結果から日本の社会のあり方が浮かび上がる点はとくに印象的だ。例え

■出典
成蹊大（法B）より。設問を改変。

ば「木は幸せだった」という表現を英国、スウェーデン、韓国の子どもは言葉通りに受け取る。〔後略〕
〔問い〕日本以外の三か国の子どもたちは、「木は幸せだった」という言葉を文字通り受け取るが、日本の子どもはそうは受け取らない。ここから浮かび上がる「日本の社会のあり方」とはどのようなものかを述べなさい（複数解答可）。

《地理的状況》＋《日本文化》の視点で考える

課題文に紹介されている物語は、わがままな少年の要求を満たしつづけた木の話だ。さんざん少年に奉仕した木は、最後まで「幸せだった」と考える。この言葉を「本当に幸せだったのだ」と文字通りに受け取るのが英国、スウェーデン、韓国の子どもたちだ。

それに対して、日本の子どもたちはそうは受け取らず、「本当は幸せではないのに、無理をして言っている」と考える。実際にこれを読んで、身勝手でわがままな少年をこころよく思わず、木がかわいそうだと感じた人も多いのではないだろうか。そうであれば、なぜ自分がそう感じたのかを「日本文化」に引き寄せて分析してみるといい。

また、この例題では《地理的状況》を思い浮かべることも重要だ。〔英国・スウェーデン・韓国〕に共通する点は何か、日本と他の三か国のちがいは何かを考えてみる。宗教はどうか、国民性のちがいはどうかなど、知っているだけの知識を掘り起こしてみよう。

しばらく考えて自分なりの答えを出してから、つぎの解答例を見てほしい。

解答例

①日本の子どもたちは木の言葉を本音と思わず、建前だと受け取っている。日本人は集団や組織の和を重視し、公の場では自分の本音を言わずに建前で通そうとするところがあるからだ。それに対して本音を言うことに慣れている他の三か国の子どもたちは、木の言葉を本音と受け取る。
②現代の日本人は拝金主義的で、損得によって物事を判断しようとするところがある。このため、一方的に損をしている木に同情的になり、木の言葉を文字通りに受け取れない。一方、キリスト教が浸透している他の三か国では奉仕の精神が発達しているため、木の献身的な姿を損得勘定を抜きにボランティア精神として理解できる。
③キリスト教社会では、自然物を人間の奴隷とみなし、人間が自然を利用するのは当然と考える。それに対して日本人は、自然を人間化して考える。だから、キリスト教の強い社会では、人間に利用された木を幸せとみなし、日本では不幸だと考える。

解説

右の解答例で、韓国をキリスト教の国として分類することに疑問を感じるかもしれない。たしかに韓国は伝統的に儒教の国だが、日本にくらべてはるかにキリスト教が浸透している。また、韓国人は日本人のように本音と建前を使い分けるというところがなく、かなりはっきりと本音をしゃべる。同じ東アジアの隣国同士でも、その国民性はかなりちがうということも合わせて知っておこう。

Summary

ステップ20のまとめ

「どのように考えるか」「なぜ、それを思いつくのか」という思考プロセスをマニュアル化することは実際にはむずかしい。しかも、そのプロセスを文章で表現していくことはもっと困難だ。

しかし、あえてマニュアル化すると、これまでに述べてきたように「視点を固定してテーマを考える」ということになる。《3WHAT・3W・1H》や《学部別の視点》、《日本文化・教育・民主主義》を切り口にするのもそのためだ。

もう一つ重要なのは、何度も言っているようにやはり「知識」だ。「知識さえあれば何とかなりそうだ」と思ってもらうことが、じつは本書の裏の狙いでもあったのだ。

とりあえず小論文に立ち向かうための〝基本装備〟は終わった。あとは、実戦での練習でさらに論理力・発想力・知識力を磨いてほしい。

健闘を祈る。

Close Up!

「鋭い発想」を引き出す３か条

1 「ノー」の立場から考えてみる
→書きやすいのは「イエス」だが、あえて「ノー」の立場で考えてみる

2 「さまざまな視点」からアプローチする
→《3WHAT・3W・1H》《学部別視点》《日本文化・教育・民主主義》などの視点から課題をとらえる

3 「異なる視点」を組み合わせる
→《現象＋日本文化》《地理的状況＋民主主義》などのように、異なる視点を結びつけて考える

図で読む対立軸の知識⑥

民主社会

個人・市民を重視 VS **社会・国家を重視**

【背景】「国民のための国家」という理念からは、個人の自由・権利の保証が最優先される。

個人の自由・権利の拡充を優先させる

〔具体例〕
・プライバシー保護
・市民立法・ＮＧＯ
・情報公開法制定

【背景】「国家・社会へ負う義務と引き換えに権利が保証される」という理念を重視する立場。

個人の自由より国家の利益・安全を優先する

〔具体例〕
・中央集権
・兵役の義務化
・国家機密の保持

問題点

しかし・・・

少数派の尊重

多数派の不満増大

少数派の差別・排除
エゴイズムの氾濫

個人の自由重視

価値観の多様化

地域的連帯感の衰退

コミュニティの崩壊
カルト宗教の台頭

しかし・・・

多数決の論理

民意の反映・世論形成

情報操作・「数は力」

少数派の権利侵害
「多数者の横暴」に無防備

公共の福利重視

管理・統制の強化

表現・信仰の自由侵害
全体主義への危惧

「ブックマン社合格請負シリーズ」は、
今までにない切り口、受験生にとって
本当に役立つという２つの条件をクリ
アした本のみを出版していきます。

＊小論文上達のためには、添削を受けることも欠かせない。私が主宰する白藍塾では志望校別の本格的な小論文添削を行っている。詳細についての問い合わせ、資料の請求は下記に連絡してほしい。

〈白藍塾　問い合わせ＆資料請求先〉
〒161-0033 東京都新宿区下落合1-5-18-208
白藍塾総合情報室（03-3369-1179）
http://www.hakuranjuku.co.jp
お電話での資料のお求めは:フリーダイヤル0120-890-195

樋口裕一の小論文トレーニング

2000年３月10日　初　版　第１刷発行
2019年11月27日　新装版　第12刷発行

著　者　樋口裕一
カバーデザイン　日下充典
発行者　田中幹男
発行所　株式会社ブックマン社
〒101-0065 東京都千代田区西神田3-3-5
営業部 ☎03-3237-7777
編集部 ☎03-3237-7784
ホームページ https://bookman.co.jp
写　植　株式会社フォレスト
印刷所　図書印刷株式会社
ISBN978-4-89308-603-7